Bard

LE COMTE
DE
LAVERNIE

PAR

AUGUSTE MAQUET

III

PARIS

L. DE POTTER, LIBRAIRE-ÉDITEUR

RUE SAINT-JACQUES, 38.

LE COMTE DE LAVERNIE.

NOUVEAUTÉS EN VENTE.

	fr.	c.
Le comte de Lavernie, par *Auguste Maquet*, collaborateur d'*Alexandre Dumas*, 4 vol. in-8, affiche à gravure, net...	18	»
Montbars l'Exterminateur, par *Paul Duplessis*, auteur des Boucaniers, 4 vol. in-8, net............	18	»
Les Amours de Vénus, par *Xavier de Montepin*, 3 vol. in-8, net.	13	50
Un Homme de Génie, par *madame la comtesse Dash*, 3 vol. in-8, net.......	13	50
Le Garçon de Banque, par *Élie Berthet*, 2 vol. in-8, net...	9	»
Les Lorettes Vengées, par *Henry de Kock*, 3 vol. in-8, affiche à gravure, net............	13	50
Roquevert l'Arquebusier, par *Molé Gentilhomme*, 4 vol. in-8, affiche à gravure, net............	18	»
Mademoiselle Bouillabaisse, par *Charles Deslys*, 3 vol. in-8, affiche à gravure, net............	13	50
La Chasse aux Cosaques, par *Gabriel Ferry*, 4 vol. in-8, affiche à gravure, net............	18	»
L'Amour a la Campagne, par *Maximilien Perrin et E. Mary*, 3 vol. in-8, affiche à gravure, net............	13	50
La Mare d'Auteuil, par *Ch. Paul de Kock*, superbe affiche à gravure............	»	»
Les Boucaniers, par *Paul Duplessis*, 3 vol. in-8, superbe affiche à gravure, net............	13	50
L'Usurier sentimental, par *G. de la Landelle*, 3 vol. in-8, affiche à gravure, net............	13	50
La Place Royale, par *madame la comtesse Dash*, 3 vol. in-8, net............	13	50
La marquise de Norville, par *Élie Berthet*, 3 vol. in-8, net.	13	50
Mademoiselle Lucifer, par *Xavier de Montepin*, 3 vol. in-8, net............	13	50
Les Orphelins, par *madame la comtesse Dash*, 3 vol. in-8, net	13	50
La princesse Pallianci, par *le baron de Bazancourt*, 5 vol. in-8, net............	22	50
Le Chasseur d'Hommes, par *Emmanuel Gonzalès*, 3 vol. in-8, affiche à gravure, net............	13	50
Les Folies de Jeunesse, par *Maximilien Perrin*, 3 vol. in-8, affiche à gravure, net............	13	50
Bébé ou le Nain du roi de Pologne, par *Roger de Beauvoir*, 3 vol in-8, net............	13	50
Blanche de Bourgogne, par *madame Dupin*, auteur de Cynodie, Marguerite, etc., 2 vol. in-8, affiche à gravure, net	9	»
L'Heure du Berger, par *Emmanuel Gonzalès*, 2 vol in-8, affiche à gravure, net............	9	»
La Fille du Gondolier, par *Maximilien Perrin*, 2 vol. affiche à gravure, net............	9	»
Minette, par *Henry de Kock*, 3 vol, in-8, net............	13	50
Quatorze de Dames, par Mme *la comtesse Dash*, 3 vol. in-8, net	13	50
L'Auberge du Soleil d'Or, par *Xavier de Montepin*, 4 vol. in-8, affiche à gravure, net............	18	»
Les Coureurs d'Aventures, par *G. de la Landelle*, 3 vol. in-8 affiche à gravure, net............	13	50

LE COMTE
DE
LAVERNIE,

PAR

Auguste MAQUET.

III

Paris,

L. DE POTTER, LIBRAIRE-ÉDITEUR,

Rue Saint-Jacques, 58.

I

OU DESBUTTES RETROUVE UN AMI ET LE LECTEUR UNE MAUVAISE CONNAISSANCE. *(Suite)*.

— J'ai laissé l'homme au pied du mur, et m'en suis venu demander conseil à M. le bailli, continua le sénéchal, et voici ce qu'il m'a dit : Si c'est M. de Louvois qui a frappé cet homme, il serait prudent de le laisser mourir tout doucement. En effet, ce n'est pas sage de défaire ce que fait M. de Louvois, ou ce qu'il a voulu faire.

— Judicieux, s'écria Desbuttes, en se grattant le front avec anxiété... Mais si, au contraire, c'est M. de Louvois qui a donné des soins à cet homme?

— Ah! voilà... dans ce cas, il ne faut pas le laisser mourir, m'a dit M. le bailli, et notre perplexité a commencé là. Car le blessé ne voulant rien dire de plus ni de moins que ce terrible nom de Louvois, nous devions être en un cruel embarras, avouez-le, monsieur.

— Je l'avoue, dit Desbuttes... Cependant, vous avez pris un parti?

— Mon Dieu oui, il le fallait bien.

— Vous avez entré le blessé, ici, chez chez moi?

— Ce n'était pas encore chez vous, monsieur.

—N'importe, vous l'avez, dis-je, retiré dans ce château?

—Par suite du raisonnement que voici, monsieur : si M. de Louvois a voulu sauver cet homme, nous lui sommes agréables en retirant l'homme au château, qui est désert, et en le plaçant dans la plus belle chambre.

— Très-bien ; mais, si M. de Louvois a voulu tuer cet homme... vous lui êtes bien désagréables.

—Oh! non, monsieur, que cet homme meure ici ou sur le grand chemin, pourvu qu'il meure, c'est tout ce que M. de Louvois demande. Alors, nous avons adopté un terme moyen : nous avons mis le blessé sur un lit, près de lui, du linge et un grand pot d'eau fraîche, qu'on a renouvelée tous les deux jours.

—Au cas où M. de Louvois aurait voulu qu'il vécût, se hâta de dire le bailli.

— Et, dans l'autre cas, il y avait le libre penchant de la nature abandonnée à elle-même, ajouta le sénéchal.

— C'est-à-dire qu'il n'a reçu aucuns soins? dit Desbuttes.

—Aucuns! Comprenez donc, pour soigner un homme, il en faut au moins un autre.

— Souvent deux, dit le bailli.

— Et deux hommes dans le secret de M. de Louvois, c'est trop.

— Puissamment raisonné, s'écria Des buttes; de sorte que le blessé... depuis qu'il est ici?...

Les deux magistrats hochèrent la tête assez tristement.

— La nature a pris le mauvais chemin, dit Desbuttes.

— Je crois que oui, répliqua le sénéchal.

— Est-ce au moins le chemin le plus court? car j'attends ici bien du monde bruyant; j'attends ma femme; on va se réjouir beaucoup, et ce serait bien gênant pour un malade! Vous ne pouvez trop rien dire. Sera-ce un jour?... deux jours... c'est que je suis pressé, moi; voilà trois mois que je ne m'amuse guère.

— Il est bien bas.

— Ecoutez, dit Desbuttes, je trouve en tout ceci votre conduite admirable; vos idées ont été excellentes. Mais il m'en arrive une qui n'est pas absurde : faites venir un chirurgien.

Le sénéchal et le bailli s'écrièrent de surprise.

— Je sais ce que vous m'allez dire, reprit Desbuttes. Mais je poursuis votre raisonnement : ou la nature agira seule, ou il faut qu'on l'aide; ou le blessé succombera, ou il guérira; s'il doit succomber ou guérir, tâchons que ce soit vite.

Dans le premier cas, le chirurgien aidera puissamment la nature. J'ai vu à

Paris, moi qui vous parle, des gens condamnés par tous les médecins, être sauvés par la seule nature. J'ai vu des gens admirablement en santé, tués par la Faculté en deux heures. Si M. de Louvois veut sauver l'homme, appelez le chirurgien. Réussite ou non, l'on nous en saura gré. S'il veut sa mort, appelez encore le chirurgien. D'après ce que vous m'avez dit de l'état du malade, nous aurons un résultat ce soir. C'est juste le temps qu'il me faut pour arriver à mon bal de noces. Les violons mèneront grand bruit. Le blessé fera bien de ne pas les attendre. Qu'en dites-vous ?

— Monsieur est le maître, dit le sénéchal ; dès à présent cesse notre responsabilité. Monsieur s'arrangera au regard de M. de Louvois.

— Avec qui je ne suis point tout-à-fait mal, répliqua Desbuttes en minaudant. A propos, un dernier mot, sur ce brave malade. Son nom ?

—Nous avons eu l'honneur de faire obser à monsieur qu'il n'a jamais prononcé que ce mot : Louvois.

— Une autre idée..., dit soudain le bailli. D'abord, il n'y a pas de chirurgien dans le bourg ; ensuite, je ne crois pas qu'il en soit besoin. Voilà quinze jours que la fièvre a cessé, et le blessé n'a encore rien pris que son eau fraîche. Il criait beaucoup les premiers jours, maintenant il ne dit presque plus rien. J'oserai donc assurer que la question est tranchée ou va l'être. D'ailleurs, monsieur est chez lui ; monsieur se marie. Quand on se marie, on se réjouit; lorsqu'on se réjouit, c'est rarement en silence, et le blessé aurait mauvaise grâce à se plaindre. Sans compter que, s'il se plaint, ce sera tellement bas qu'on ne l'entendra pas.

— En ce cas, il aurait tort de le faire, dit le sénéchal avec componction.

— Alors, reprit Desbuttes, je conclurai par une dernière idée. Faites-moi le plaisir d'entrer chez ce gentilhomme et de l'inviter à ma noce.

—Plaît-il ? s'écrièrent à la fois les deux sbires.

—Oui, à ma noce, répéta Desbuttes. Il pourra ou ne pourra pas se lever; s'il le peut, c'est qu'il est en état de partir. On le délogera de ma chambre d'honneur; s'il ne le peut pas, la question est tranchée, comme disait M. le bailli, et je ne vois pas quel plaisir aurait ce moribond à mourir dans ma plus belle chambre. J'ai vu là haut, près des combles, de petits logements excellents pour cela. Rendez-moi donc le service d'aller lui adresser mon invitation ; vous me rendrez réponse là-bas, au milieu de mes gens, que j'occupe d'une façon plus agréable.

Là dessus, le seigneur pirouetta, fort enchanté d'avoir coupé le nœud gordien, plus enchanté encore d'en finir avec les pensées du trouble-fête que ce vilain blessé lui donnait depuis une demi-heure.

Le sénéchal et le bailli, pleins d'admiration, se préparèrent à obéir, et se dirigèrent vers la chambre d'où partaient ces tristes et intermittents soupirs.

En attendant, Desbuttes retourna parmi ses vassaux, qu'il compta, hommes, femmes, filles et enfants, les toisant et visitant comme une cargaison de nègres, mais toujours avec le plus aimable sourire ; toujours aussi avec la majesté qui convient à un justicier propriétaire.

Appuyé sur la balustrade de son pont-levis, enivré par toute cette fumée des broches et des lèche-frites, au centre de tous ces fourneaux, flanqué d'eau à droite et à gauche, il ne ressemblait pas mal à M. de Vauban, dirigeant ses ingénieurs sur un glacis, ou à M. de Tourville, quand, l'année précédente, sous Dieppe, il foudroyait les Anglais du haut de son amiral.

Autour de lui voltigeait un état-major de valets ou de marmitons supérieurs, auxquels Desbuttes distribuait ses ordres, appuyés d'une bourrade ou d'une qualification triviale, destinée à exciter l'hilarité parmi les groupes qui s'agitaient sur les bords de la rivière. Quand il avait réussi à faire bien rire vassaux et vassales, le seigneur s'enflait de satisfaction. Il s'appliquait surtout à faire de l'effet sur les jolies filles, malheureusement fort rares : le sang n'était pas beau, à Houdarde. Bientôt revinrent lentement bailli et sénéchal, qui, tous deux, saluèrent avec la cérémonie des ambassadeurs, avant d'ouvrir seulement la bouche.

— Qu'on me dise de la tour, cria Desbuttes en levant la tête, si l'on aperçoit le carrosse de madame!

La tour était un petit donjon quadrangulaire, sur lequel on avait placé en vedette le garde-chasse, une fine prunelle.

Cet homme fit répondre qu'on ne voyait rien sur la route qu'un nuage de poussière, mais beaucoup trop considérable pour qu'on l'attribuât, raisonnablement, aux roues du carrosse de madame Desbuttes.

—Mes carrosses font beaucoup de poussière, repartit Desbuttes, et mes chevaux piaffent continuellement. Ainsi, observez toujours, monsieur, et faites les signaux convenus. Maintenant, messieurs, poursuivit-il en s'adressant aux deux fonctionnaires, revenus à ses côtés, s'est-on assuré si le gentilhomme, mon hôte, accepte l'invitation que vous lui avez transmise?

— Eh bien, oui, monsieur, repartit le bailli avec consternation.

—Comment, oui? il n'est donc pas mourant?

— Il a l'air d'un spectre, monsieur.

— Et il viendrait spectre à ma noce!

— Monsieur, il y viendra, je l'en crois capable. Aux premiers mots que je lui ai adressés, il s'est soulevé en faisant craquer ses os : vous eussiez dit Lazare ressuscité.

— Est-ce qu'on se moque de moi ! articula-t-il d'une voix pareille au sifflement des cigales; quel drôle vous envoie railler un gentilhomme à l'agonie?

— A l'agonie, très-bien ! s'écria Desbuttes ; c'est lui qui l'a dit. Il faut le changer de chambre.

—Attendez, monsieur, continua le sénéchal, quand j'ai vu qu'il voulait savoir votre nom, je lui ai dit en ces termes : Monsieur, vous parlez incivilement ; monsieur, vous répondez mal à la politesse que vous fait le nouveau seigneur. Ce seigneur n'est pas un drôle, c'est M. Desbuttes, le millionnaire, le magnifique.

— Desbuttes ! s'est écrié le mourant en allumant son œil vitreux. Desbuttes ! mon ami Desbuttes ! le château est à lui ! Je suis chez Desbuttes ! Ah ! pardieu , sa noce! oui, mordieu, j'irai à sa noce! oui... oui!...

Et il s'est évanoui de joie, tout roide.

— Evanoui? ou mort?

— Je voudrais pouvoir vous dire mieux, mais ce n'est qu'un évanouissement.

— Cet homme prétend qu'il est mon ami! murmura Desbuttes; dépeignez-le moi un peu.

— Ah! Monsieur, figurez-vous... eh! mais, bailli, n'est-ce pas lui qui marche, qui vient, lui que voici!...

Desbuttes frissonna encore.

En effet, on voyait sortir du château, à peu près vêtu d'habits démesurément trop larges, une manière de spectre efflanqué, borgne, hâve, pâle, qui se traînait lentement sur le compas de deux jambes sèches et tremblantes.

Cette ombre grimaça un sourire en apercevant Desbuttes, et lui tendit deux mains, dont on eût compté les osselets sans savoir l'anatomie.

Tous les cuisiniers, tous les assistants s'interrompirent dans leurs travaux. Desbuttes recula.

— Monsieur..... balbutia-t-il.

— Eh bien! ne me reconnais-tu pas? gazouilla la voix d'insecte échappée de ce corps diaphane, ne reconnais-tu pas ton vieux La Goberge?

— La Goberge! s'écria Desbuttes, sans oser embrasser le spectre qu'il craignait de briser comme verre, toi en cet état, mon compagnon!

— Hélas!... répliqua le maître d'armes en pliant comme un roseau.

— Du vinaigre! cria Desbuttes.

— Croyez-moi, monsieur, lui dit le sénéchal à l'oreille, du vinaigre, si M. de Louvois en veut à ce brave homme, mais un bouillon si vous ne lui en voulez pas.

La Goberge, en effet, perdait connaissance ; le soleil l'avait abattu, puis la faim, une atroce faim comme celles qui succèdent à la fièvre, dans la convalescence des blessures graves.

II

SIC VOS NON VOBIS.

Desbuttes prit son compagnon dans ses bras, l'emporta au château, l'assit dans un fauteuil, et lui fit avaler une écuellée de potage fait du jus de deux poules et d'un quart de mouton. La Goberge rouvrit un œil terne, demanda du vin pour faire passer le bouillon, huma l'air à longs traits pour faire passer le vin, et alors, sur un signe de Desbuttes, les deux amis restèrent seuls ensemble.

— Mon pauvre vieux La Goberge, dit le financier, est-ce ainsi que je te retrouve!

— Tu vois, murmura le Lazare, jetant un œil éteint sur ses membres fluets.

— Tu n'as pas toujours eu la fièvre ou le délire, n'est-ce pas?

— Assurément.

— Tu t'es aperçu qu'on t'avait transporté du fossé dans une chambre, une très-belle chambre, la chambre d'honneur?

—Sans doute, la chambre est bonne... Eh bien?

—Eh bien, tu as vu aussi qu'on te soignait peu?

— Si je l'ai vu, bon Dieu!

— Qu'on te fuyait beaucoup?

— Hélas! comme un lépreux.

— Qu'on te séquestrait?

— Comme un chat enragé...

— Fort bien. D'ordinaire tu penses beaucoup, La Goberge, qu'as-tu pensé en cette circonstance ?

— La vérité.

— Dis-moi ta vérité, je te dirai la mienne.

— Eh bien ! j'ai pensé que M. de Louvois m'avait fait transporter ici...

— Ah ! tu as pensé cela... Continue.

— Et qu'il me faisait séquestrer ainsi pour que je ne parlasse pas.

— Tu ne me dis pas ce que tu as pensé du traitement?

— Faut-il le dire?

— Nous sommes entre amis.

— Eh bien, j'ai cru que, me voyant blessé, inutile, le patron n'était pas fâché de se débarrasser de moi. J'en sais trop long sur ses affaires, vois-tu : voilà pourquoi je me défiais même de l'eau qu'on avait mise près de moi, voilà pourquoi je criais comme un aigle quand j'apercevais le bout du nez de ces deux messieurs noirs ; voilà pourquoi, enfin, je n'ai pas ouvert la bouche, si ce n'est pour me recommander à Dieu et à saint Christophe, mon saint parrain, qui m'ont exaucé, puisque ce digne M. de Louvois avait été assez bon pour m'envoyer dans la maison d'un ami. — Oh! comme je regrette de l'avoir soupçonné!...

Desbuttes se mit à rire.

— Niais! dit-il.

— Hein, fit La Goberge, tu te moques de moi?

— Pardieu! la maison n'est à moi que

depuis avant-hier, et M. de Louvois ne sait pas seulement que je l'ai achetée!...

—Ainsi, quand on m'a relevé pour m'amener ici...

— Charité pure de mon sénéchal.

— Mais pourquoi ne m'a-t-on pas soigné?

— Parce que ta fièvre a été assez imprudente pour crier : Louvois ! à ceux qui te portaient intérêt.

- Je comprends ; on a craint de se compromettre.

— J'aurais bien voulu t'y voir !

— Ainsi, Monsieur de Louvois, après m'avoir fait trouer le ventre pour son service, m'a jeté dans un fossé... comme un chien...

— Et t'y a oublié.

— Mais lui... qu'est-il devenu ?

— Lui, il est à Versailles, il fait la roue comme toujours. Cela crie vengeance, n'est-ce pas ?

— Pour que je répète ce mot vengeance, mon bon Desbuttes, attends que je puisse me tenir sur mes jambes, et ne dis pas de ces choses-là dans ta maison ; car tu n'as pas à te plaindre, toi, et moi je ne me plains pas ; je t'en prends à témoin !

— Tu es donc devenu bien endurant, La Goberge ?

— On t'a bien payé les culottes de M. de Harlay, n'est-ce pas ? gémit La Goberge au lieu de répondre. Est-ce injuste ! ne suis-je pas le fripier qui les ai achetées ? N'est-ce pas moi qui les ai emportées sur mon dos, tandis que M. de Louvois, déguisé en marchand d'oublies, me guettait pour voir si je ne fouillais point dans les poches. Si tu as eu un million, comme on le dit, pour cela, sois généreux, donne-moi cent mille livres, à moi qui n'ai reçu qu'un coup d'épée.

Desbuttes se mit à rire, en voyant l'air piteux de son ami.

—Tu fais erreur, dit-il; on ne m'a rien donné pour les culottes.

— Bah!...

— Rien qu'un morceau de papier.

— Qui renfermait?...

— Une commission du roi pour acheter des farines, des pois secs, des porcs salés, des harengs secs, et des pelles à remuer la terre.

— Heureux Desbuttes !...

— Que veux-tu ? c'est ta faute ! Tu es un homme d'épée, toi ; as-tu jamais vu qu'on enfilât des écus à la pointe d'une rapière ?... Nous sommes partis tous deux du même point, nus et à sec ; tu t'es muni d'une épée, moi d'un sac ; dans ce sac, j'ai commencé à fourrer le pain qu'on me donnait sur le chemin ; puis, entré en condition, j'y ai fourré par-ci par-là les effets de mes maîtres.

— Les culottes de l'archevêque, soupira La Goberge.

— Précisément : enfin, ce petit service m'a rendu agréable à M. de Louvois ; il m'a donné ma commission ; alors, depuis trois mois, j'ai fourré dans mon sac cinq millions de farine, dix mille bœufs fumés, dix mille tonnes de biscuit, cinq mille tonnes de fromage, cinquante mille outils de pionnier.

— Quel maître sac ! Desbuttes, comment as-tu fait pour en trouver un pareil ?

— Rien de plus aisé ; il ne s'agit que

de reculer le fond et de le faire solide, pour que rien ne passe au travers ; car, tu comprends, La Goberge, que tant de choses entassées finissent par déposer un résidu. Gratter ce reste, mon ami, le recueillir avec intelligence, râcler farine, suif, graisse, miettes, et en faire de l'or, ce n'est point une petite affaire ; si l'on n'a qu'une épée, vois-tu, on gratte mal avec ; c'est trop mince ; et d'ailleurs, toi qui avais l'épée, tu n'avais pas le sac.

— Oh! murmura La Goberge, abîmé dans l'admiration et dans les regrets ; j'ai gaspillé ma vie.

— Ecoute, dit Desbuttes, un instant touché de compassion, il n'est pas encore trop tard. Sais-tu lire et écrire ?

— Faiblement.

— Veux-tu être mon commis?

La Goberge eut un moment de joie tempérée par un mouvement d'orgueil.

— Je sais mal râcler, dit-il d'un ton pédant, et l'épée est trop mince.

—Tu n'es qu'un sot et tu crèveras sur

le fumier, sans qu'on te plaigne, maigre et reluisant comme une lame : voilà ta condition. Crois-tu donc, imbécile, que je te suppose capable de t'enrichir par ton génie ? Crois-tu donc que j'aie besoin de ta plume ou de ton arithmétique ? Tu n'es qu'une épée, te dis-je, et c'est encore à cela que j'avais recours en m'adressant à toi.

— Explique-toi alors, dit La Goberge, humilié au physique et au moral par ce demi-dieu cousu d'or et bouffi de santé.

— Voici : je me suis marié ; ma femme

est très jolie, je l'adore. Elle n'avait rien. J'eusse pu épouser une fille riche, mais je l'aime, et j'ai du bien pour deux. D'ailleurs, ma femme est un esprit délié, qui me sera très secourable en mes affaires. Beaucoup de gens ont rôdé autour d'elle, beaucoup plus y rôderont ; moi, j'ai mes livres à tenir, mes marchés à faire, mes coffres à garder ; qui sait ? j'aurai des missions et ferai des absences. Or, je me sens du penchant à être jaloux.

— Eh bien ? dit La Goberge.

— Eh bien..... Si tu es mon commis, tu veilleras sur ma femme. Ta plume sera une longue épée : commis n'est pas précisément le mot, c'est écuyer qu'il faudrait dire. Plus je te regarde, plus je te trouve en point d'être écuyer. Tu n'as plus de cheveux ; tu manques de beauté ; je n'aurai de toi aucun ombrage. Quant aux étrangers, tu es assez effrayant : un œil de moins, et l'autre de travers, un geste dévastateur ; comme épouvantail, tu fais parfaitement mon affaire ; et si tu as assez du service de M. de Louvois, viens te refaire chez moi, tu n'auras point à te repentir.

— Je ne dis pas non, répondit La Goberge de plus en plus écrasé par son ami... mais...

— Mais, quoi ?

— M. de Louvois ne me donnera pas ma liberté si facilement ; il tient à moi...

— Tu te fais illusion ; depuis que tu es sur le grabat, vois s'il s'est occupé de toi. Il te croit mort : il te désire mort d'ailleurs ; s'il ne te quitte pas, quitte-le.

— Ah ! tu te figures qu'on rompt ainsi la chaîne qu'un pareil maître vous attache ?

— Tu verras si, quand ma fortune sera faite, je ne me rends pas la liberté. Qu'on vole un peu d'abord, passe; mais il faut bien finir par devenir honnête homme quand on n'a plus besoin de rien. Encore une fois, sonde tes reins, comme dit le roi David, mesure les os de tes jambes, et deviens l'écuyer de ma femme.

— Non, vois-tu, non. Sitôt guéri, je retournerai près de mon maître, tout dur qu'il est!

— Tu n'as donc pas de fierté, alors! tu cherches qui te dédaigne, toi! un plumet! un maître en fait d'armes!

— Je n'ai plus le droit d'être fier; mon plumet est cassé!

.-Qu'est-ce à dire ? tes pommettes rougissent : tu as le cœur gros !

— Si gros, qu'il en crève. Vois-tu, Desbuttes, remets-moi vite sur mes jambes ; emplis-moi de potages, bourre-moi de pâtés et de volailles, traite-moi comme ton fameux sac. Rends-moi le nerf de mon poignet, les muscles de mes jambes : il faut que je répare mon honneur. Car je suis déshonoré, et si mon maître me renie et m'abandonne, il a raison : j'ai été battu par un écolier !

En disant ces paroles, La Goberge laissa échapper de son œil un filet de larmes amères.

— Vite ! un nouveau bouillon ! cria Desbuttes, si La Goberge pleure, il faut que sa fibre soit bien amollie...

Cet ordre fut accompli par l'arrivée de dix écuelles empressées; le squelette choisit, but, sécha ses yeux et dit avec une sombre colère :

— Dans quelques jours, je marcherai; me voilà maigre, j'en marcherai mieux ; tu as de l'argent, tu m'en donneras; j'achèterai un cheval, dix chevaux, trente, s'il est nécessaire.

— Hé ! doucement, dit Desbuttes effrayé pour sa bourse, ménage ta convalescence.

— Et puisque le monde a un bout, j'irai jusqu'au bout du monde.

— Prends garde ! il en a deux.

— J'irai aux deux ; j'irai en enfer, j'irai jusqu'à ce que j'aie retrouvé ce scélérat de....

— Qui ? demanda Desbuttes.

— Quand je te dirais son nom, cela ne te servirait à rien ; tu ne le connais pas. Sache seulement que c'est l'auteur de ceci.

Et il découvrit à Desbuttes le trou rouge encore de la plaie que *la nature* avait cicatrisée à peine, au milieu de sa poitrine osseuse.

—Pour un écolier, dit le traitant, voilà un joli coup d'épée; où serais-tu donc si tu eusses eu affaire à un maître?

—Petit gueux de Belair! grommela La Goberge. Puis, répondant à son ami :

— Le coquin, dit-il, n'a jamais su parer quarte et riposter.

— Tes leçons sont donc mauvaises?

— Elles étaient assez bonnes pour ce qu'il voulait faire; celui qu'il avait envie de tuer n'en savait pas tant que lui.

— Ah! il voulait tuer quelqu'un?

— Oui, le prétendu de sa maîtresse.

— Eh bien! mais voilà un prétendu bien exposé, s'écria en riant Desbuttes; si ton écolier lui a fait au ventre un trou pareil à celui que je vois à ta poitrine, adieu le mariage; fais-toi payer ces leçons-là, mon brave La Goberge.

— Il les paiera.

Ils en étaient là, quand l'homme en vedette sur la tour donna un grand coup de sifflet.

— Voilà Violette ! s'écria Desbuttes.

— Qui cela, Violette ? demanda La Goberge, que ce nom avait fait tressaillir.

— Pardieu, ma femme.

— Ta femme s'appelle Violette ?

— Oui.

— Est-ce que, par hasard, elle demeurait à Paris ?

— Oui.

— Rue de la Ferronnerie ?

— Oui, tu la connais ?

— Oh !

Desbuttes s'était élancé hors du pont, pour envoyer une escorte à sa femme. Le sénéchal l'arrêta.

— Ce n'est pas madame Desbuttes qui arrive, dit-il, c'est un régiment de cavalerie.

— Quel malheur ! dit Desbuttes.

— D'autant plus grand, ajouta le sénéchal, que le repas est prêt, et que le guetteur signale sur les chemins l'arrivée de vos convives.

— On pourra tenir les plats au chaud jusqu'à l'arrivée de madame ; mais qu'elle arrive, mon Dieu ! qu'elle arrive !

Au même instant, l'on entendait un grand bruit de trompettes, et trente cavaliers environ entrèrent au galop dans le village, non sans exhaler par des cris et des éclats de rire l'admiration qui leur entrait par les narines. Il est vrai de dire que le village était embaumé de la senteur des rôtis et de l'arôme des sauces.

Un enseigne avec des cavaliers arriva ensuite, et voyant les clairons béans devant tous ces préparatifs, il commanda la halte à sa troupe.

C'étaient l'avant-garde, et les clairons de la gendarmerie, dont huit compagnies venaient en masse serrée par la route de Valenciennes, escortant un carrosse bien fermé attelé de six chevaux. En un clin d'œil Houdarde fut envahi. Un tourbillon de jeunes officiers courut aux maisons comme des abeilles à la ruche: plus de trente s'étaient jetés dans le château où ils rencontrèrent Desbuttes un peu embarrassé à la vue de tant d'hommes armés.

Les gendarmes, commandés par un lieutenant général, étaient un corps d'élite formé de la plus pure noblesse française et écossaise. Mais gentilshommes de tous pays ont faim quand ils ont fait dix lieues à cheval; les gendarmes en venaient de faire douze et n'avaient pas dîné.

Un gros major, après avoir été prendre le mot d'un personnage qu'on ne voyait pas, tant il était bien enfoncé dans le carrosse dont nous avons parlé, entra dans le château, et, s'adressant à Desbuttes qui saluait respectueusement :

— Monsieur, lui dit-il, M. le duc de

Vendôme, qui est là-bas dans son carrosse, et qui nous fait l'honneur de nous commander, me charge de vous remercier de votre attention délicate.

— Quoi, c'est M. le duc de Vendôme qui est là... murmura Desbuttes.

— Lui-même, monsieur, et il demande que vous ne preniez point la peine de faire servir chez vous.

— Servir ? dit Desbuttes sans comprendre.

— Oui, monseigneur mangera dans son carrosse ; ses gens vont y porter le vin que vous lui destinez, avec quelques plats qu'ils choisiront. Quant à messieurs nos officiers, ils mangeront debout, militairement, l'excellent repas que vous avez eu la courtoisie de nous faire apprêter et qu'on sentait d'une lieue; en une demi-heure ce sera terminé ; nous ne saurions nous attabler; la marche est forcée; on voit bien, monsieur, que vous êtes dans les secrets de l'Etat, car vous saviez notre passage à Houdarde, que ce matin nous ignorions encore. Grand merci donc, monsieur ; si vous voulez trinquer avec nous, vous nous ferez honneur et plaisir.

Desbuttes n'était point encore revenu

de sa surprise, lorsque l'invasion se fit par les portes et les fenêtres; quatre à cinq cents gendarmes poussant des cris de joie fondirent sur les daubes et les volailles, dépécerent les viandes, débouchèrent les bouteilles, tandis que leurs valets rompaient les pains, et fouillaient les buffets pour trouver des assiettes.

Il y avait des gendarmes dans le salon, sur tous les meubles, dans les cabinets, dans les cuisines, dans les offices. Il y en avait sur les gazons, dans les bosquets, sur les parapets ; on en voyait sur le bord des fenêtres, sur le pont-levis, sur les caisses d'arbustes qu'ils avaient renversées pour se faire des bancs. Tout ce qui n'avait pu tenir au château s'était réparti dans les plus apparentes maisons du village, dont les habitants, désolés de perdre un si bon repas, auquel ils avaient tant travaillé, mais inquiets de cette inondation de gendarmes, offraient à l'envi leurs tables, leurs chaises pour que le repas fût plus tôt fait et que les flots se retirassent de meilleure heure.

Sur le milieu du chemin, dans un vaste rond-point cerné de vedettes qui croquaient, tout à cheval, des pâtés, et déchiraient les ailes de poulet, on voyait le carrosse de M. de Vendôme. Il n'avait pas même dételé. Par sa large portière ouverte, entraient des plats fumans ; quelques verres de vins brillant au soleil sur des plateaux, attendaient, topaze ou rubis, le choix du seigneur invisible, et quand ce Gargantua s'était prononcé, le verre plein entrait par la portière et ressortait vide.

Ce repas dans le carrosse s'accomplissait avec la gravité d'un cérémonial parfait. Les valets fonctionnaient par files comme des grenadiers à l'exercice à feu. Là, silence et majesté. Pour Desbuttes, qui contemplait d'une fenêtre cette imposant mais lamentable spectacle, la disparition de ses plus délicates friandises s'accomplit sans qu'il eût entendu seulement le coup de fourchette du prince ; et comme la portière du service s'ouvrait au côté droit du carrosse, Desbuttes ne distingua rien que l'absorption des plats chargés et la résorption des verres vides. Ce carrosse lui fit l'effet d'un Léviathan auquel trente laquais auraient servi une collation.

Mais en revanche autour de lui quel mouvant tableau ! que de bouteilles cassées, quel cliquetis d'assiettes et de verres, quel tintamarre de mâchoires entrechoquées : huit cent cinquante gendarmes et quatre cents laquais nettoyaient de tout comestible honorable, ces buffets et ces tables si curieusement chargés

par le magnifique seigneur d'Houdarde.
Une demi-heure ! avait dit le major ;
les gendarmes eurent fini en vingt minutes.

Et ils se disputaient les miettes, quand un clairon, dont les sons manquaient de la pureté qui distingue une langue à jeun, chanta le boute-selle. La portière du carrosse s'était refermée ; monseigneur avait fini.

Alors ce fut un pêle-mêle dont Callot et Goya, réunis à Wouvermans, ne sauraient donner une idée.

Les gendarmes, la bouche pleine, les

mains grasses du dernier morceau qu'ils emportaient, coururent à leurs chevaux, que bon nombre enfourchèrent d'un bond, suivant les règles de la voltige qu'on enseignait à l'académie.

D'autres se firent hisser par leurs valets, soit qu'ils fussent devenus trop pesants à force de boire, soit que, réellement, l'homme qui a beaucoup mangé pèse plus que l'homme à jeun,—n'en déplaise au préjugé bourgeois qui garantit le contraire,—et sur un second coup de clairon, l'avant-garde partit au trot, tandis que les compagnies, se formant autour du carrosse, s'alignaient tumultueusement sur la chaussée.

Un chat n'eût pas trouvé dans Houdarde de quoi souper des reliefs du festin ordonné par Desbuttes.

Ce pauvre financier, cloué à sa fenêtre avec un sourire forcé, répondait par mille révérences aux mille caracolades des officiers et des gendarmes qui goguenardaient en défilant devant lui.

Toutefois, l'amphytrion, malgré lui, eut sa récompense. Quand le carrosse passa devant le château, quelque chose de blanc et de potelé parut sous le rideau fermé de la portière, et fit une sorte de salut pareil à la bénédiction d'un évêque.

Desbuttes se flatta que c'étaient deux doigts de M. le duc de Vendôme. Quelques esprits chagrins assurèrent que c'était la patte d'une levrette gris blanc qui avait dîné avec monseigneur.

Quant aux conviés de Desbuttes, une demi-douzaine de robins faméliques, ou de maltôtiers retirés des affaires, c'est-à-dire échappés à la potence, qui étaient venus pour le festin,—partie à mules, partie en vieilles litières du temps d'Henri IV,—lorsqu'ils virent cette rafle, au lieu de la chèrelie dont on leur avait fait fête, ils regagnèrent leurs pignons et leurs donjons sans même saluer le désolé Desbuttes.

III

COMMENT DESBUTTES PASSA DES GENDARMES AUX GRENADIERS, ET DE CEUX-CI AUX CHEVAU-LEGERS DE LA GARDE.

Ce malheureux attendait toujours sa femme, et commençait à s'inquiéter ; son bailli le réconfortait en lui assurant que le repas eût été perdu si l'on eût attendu madame Desbuttes, tandis que cette galanterie involontaire faite aux gendarmes lui rapporterait beaucoup d'honneur, peut-être même de profit.

—Eh bien ! dit le traitant avec un gros soupir, faisons tuer le reste des volailles vivantes, assommons les derniers lapins, cherchons du poisson au vivier, il s'en trouvera encore assez pour recevoir dignement ma femme ; activez, bailli, activez !

—Poussière à l'est ! s'écria le guetteur du haut de la tour.

— Pour le coup, c'est ma femme, dit Desbuttes.

Et il se mit à pousser avec une ardeur toute nouvelle ses préparatifs d'un second dîner de noces.

On distinguait en effet, au loin, un carrosse qui volait sur la route.

— Ce ne sont pas des chevaux qui traînent ce carrosse, dit le sénéchal, ce sont des licornes ou des hippogriffes. Quel train !

— Ma femme est pressée de me voir, répliqua Desbuttes.

Madame Desbuttes devait être effectivement pressée, car ses chevaux dévoraient l'espace, et l'un deux tomba sans haleine, expirant, devant le pont du château.

Le financier se précipita au-devant du carrosse, l'ouvrit, enleva dans ses bras Violette, sans s'apercevoir qu'elle était à moitié morte.

Tandis que ses gens s'empressaient autour d'elle et préparaient la salle encore dévastée par le dîner des gendarmes, Desbuttes réussit à rappeler les esprits de sa femme; il était à ses pieds, il l'accablait de tendres questions, et en même temps lui demandait pourquoi elle avait crevé un cheval de trois cent pistoles.

— Eh! monsieur, dit-elle, parce que j'étais entourée de cavaliers, parce que ces messieurs voulaient m'escorter de trop près, et que, pour échapper à leurs chevaux, qui vont vite, il m'a fallu pousser les vôtres.

— Quoi, s'écria Desbuttes, encore des cavaliers? sont-ce des gendarmes?

— Ce sont des grenadiers à cheval, commandés par M. de Villemur, et ils viennent.

— Ah çà, mais toute la maison du roi va donc venir à Houdarde; est-ce qu'ils ont aussi parlé de dîner chez moi?

Violette ne comprit pas; elle ne cherchait pas, d'ailleurs, à comprendre. Une grande pâleur sur ses traits, un cercle noir sous ses grands yeux, un tremblement nerveux par tout son corps, révélaient une émotion dont Desbuttes se préparait à demander la cause, quand, soudain, les grenadiers à cheval arrivèrent en vue d'Houdarde.

— Que se passe-t-il en ce pays, monsieur, dit le sénéchal, qui accourut près de Desbuttes, nous sommes inondés de troupes. Voici les grenadiers; il y a, dit-on, des chevau-légers qui coupent la plaine, là bas, à l'Écluse, et mon huissier, que j'avais envoyé chercher du pain à la prochaine bourgade, raconte qu'il a vu plus de dix mille gens de pied foulant les blés et disséminés par les chemins.

— Où vont ces gens-là? sénéchal.

— Monsieur, à Valenciennes.

Desbuttes se frappa le front. Il se rappelait que toutes ces provisions, amassées clandestinement depuis trois mois par ordre de M. de Louvois, on les avait conduites à Valenciennes. Cette ville devait donc servir de centre à quelque grande et mystérieuse opération méditée par le ministre. En amassant tant de farines, le maltôtier n'avait songé qu'à râcler le fond des sacs : que lui importait leur destination !

Desbuttes, comme tous les esprits vulgaires, se contenta d'avoir deviné ou cru deviner quelque chose.

— Laissons, dit-il, les grenadiers à cheval, les chevau-légers, les fantassins, aller rejoindre les gendarmes à Valenciennes. Violette est arrivée; dînons avec Violette, marions-nous, c'est le devoir d'un bon sujet quand son roi fait la guerre.

Mais Desbuttes comptait sans son hôte;

les grenadiers à cheval étaient une terrible compagnie ; à peine leur eût-on crié : Halte ! dans Houdarde :

Messieurs, leur dit le commandant, qui comptait parmi les habiles militaires de ce temps, vous avez devant vous les gendarmes, derrière vous les chevau-légers, c'est vous dire qu'à Valenciennes, vous trouverez le dîner mangé, ou qu'on ne vous laissera pas le temps de le manger, s'il en reste. Croyez-moi, vous n'êtes que soixante-dix maîtres et cent valets ; ce village a château, ferme et trente feux ; notre dîner se trouve ici, ou je meure.

Un pareil langage est toujours compris

du soldat français; les grenadiers mirent pied à terre, et leur chef entra au château.

Desbuttes, en le voyant, frissonna de tout son corps.

C'est que M. de Villemur n'était point d'un abord encourageant. Il était frère du capitaine et du commandant Riotor, tués l'un et l'autre à la tête des grenadiers, en 1678 et 1684. Basané, couturé, colosse, excellent gentilhomme et d'une exquise courtoisie, il avait roussi tant de fois à l'épouvantable feu des siéges, qu'il ressemblait beaucoup plus à un pandour qu'à un marquis de France. Il s'adressa donc au tremblant Desbuttes, et lui dit :

— Monsieur, vous faites bonne cuisine ici... à ce que je sens.

— Mais oui, monsieur, je me marie... c'est-à-dire.

— Mariez-vous, monsieur, vous êtes libre, mais donnez vivement à dîner à mes grenadiers.

— Mais les gendarmes?...

— Service du roi! dit le capitaine.

Desbuttes s'inclina, et emmena rapidement sa femme, qui s'était affaissée dans un coin sous ses coiffes sombres.

M. de Villemur, apercevant cette charmante effarouchée :

— Ah! dit-il, c'est madame que mes grenadiers lutinaient tout-à l'heure. Excusez les grenadiers, madame; ils aiment à bien vivre tant qu'ils vivent; et comme, de soixante-dix qu'ils sont, la moitié au moins restera sur le carreau à la prochaine affaire, — sera-ce demain, sera-ce cette nuit? Dieu seul et le roi le savent, — ils mettent le temps à profit. Toutefois, ils ne vous empêcheront pas de vous ma-

rier, autant que cela vous sera agréable.
Çà, dîne-t-on ?

Et, après cette allocution toute courtoise, le capitaine avait tourné ses grosses bottes d'un autre côté. Violette s'était enfuie. Villemur installait ses grenadiers et ouvrait les buffets lui-même, pour que les choses se passassent en règle.

Ce fut lui qui distribua les vivres, donna les bouteilles et coupa le rôti. Il ne laissa rien dans les basses-cours, rien dans le clapier, rien dans les viviers, rien nulle part, c'est vrai; mais rien ne fut perdu. Les valets eurent tout au plus de quoi manger. Le capitaine dîna d'un croûton de pain et d'un pot de confitures. Ce repas achevé, il salua Desbuttes, et fit sonner le boute selle. Les hommes n'avaient pas le pied à l'étrier, qu'on entendit d'autres trompettes à cent pas du village.

— Que vous ai-je annoncé, messieurs, dit Villemur à ses gens, qui défilaient devant lui ; entendez-vous les chevau-légers ? Bien nous a pris d'avoir dîné. En route !

Et ils dépassèrent la dernière maison

d'Houdarde, au moment où deux mille chevau-légers, ayant chacun un fantassin en croupe, se répandaient affamés dans le pauvre village.

Cette fois, les procédés ne furent point gardés comme aux deux premières invasions. M. de Vendôme avait agi en prince, M. de Villemur avait dîné en gentilhomme soldat; les chevau-légers entrèrent à Houdarde comme le gros nuage, lorsqu'il s'est fait précéder, pour annoncer la tempête, de coups de tonnerre et d'éclairs.

Les chevau-légers avaient étape et logement choisis à une lieue avant Houdarde ; mais il paraît qu'ils ne trouvèrent là ni l'un ni l'autre, et, comme le brigadier qui commandait la colonne en l'absence de M. de Rubantel, lieutenant-général, resté en arrière, avait pris ses informations, il lui fut répondu que le commissaire chargé des vivres avait fait filer les munitions sur Valenciennes.

Le brigadier demanda le commissaire pour s'éclairer du fait avec lui ; on répondit au brigadier que M. le commissaire des vivres célébrait ses noces à un château qu'il venait d'acheter près de là.

Nécessité fait loi : le brigadier jugea

que, pour repaître ses chevaux et ses hommes, il lui faudrait pousser jusqu'à Valenciennes ; mais ayant appris que le château et la noce du commissaire se trouvaient sur son chemin, à Houdarde, il pinça ses lèvres, enfonça son chapeau, et fit sonner la marche, en méditant quelque rude apostrophe à M. le commissaire.

De tout temps, les fournisseurs d'armée ont eu maille à partir avec leurs pensionnaires. Jamais, en croquant ses croûtes ou en mâchonnant son riz, le soldat n'a manqué de maudire l'intendant ou le munitionnaire. Cela console toujours un peu, et le fournisseur s'en autorise pour négliger à la fois qualité et quantité. Il faut dire que la profession, si elle est lucrative, n'est pas exempte de périls, et cet intendant de Picardie fit une sage réponse, quand on lui demandait pourquoi il se hâtait si fort de s'enrichir :

— Si je ne me hâtais pas, dit-il, je n'aurais pas le temps de faire fortune avant d'être pendu.

Sous le règne de Louis XIII-le-Juste, prince-soldat des plus vaillants, qui eût été grand capitaine s'il eût été moins paresseux, on brancha passablement de commissaires des vivres. C'était le commencement de l'institution ; le commissaire était coriace, le soldat exaspéré ; le premier en voulait à l'estomac du second, le second se vengeait sur l'artère carotide du premier ; M. de Richelieu laissait faire. Mais Fouquet, financier civilisé, défendit qu'on étranglât ses commis, pour l'honneur de l'humanité. Louvois, ami du soldat, protégea pourtant les commissaires pour l'honneur de la discipline, par amour propre aussi, parce qu'il les avait nommés ; en sorte que la haine, mal satisfaite, ne fit que s'accroître et guetta les occasions.

Or, en la circonstance présente, l'occasion se présentait belle. Il s'agissait d'une marche pénible, subitement ordonnée : un ministre de la guerre qui veut faire faire aux troupes des tours de force doit avoir songé à les nourrir. Cheval saute mal le fossé, dont l'estomac est défoncé, dit le proverbe.

Voilà ce que pensait le brigadier qui commandait la colonne, voilà ce que répétaient les chevau-légers et les fantassins qu'ils avaient en croupe, lorsqu'on arriva dans Houdarde.

Le jour baissait, les chevaux suaient et les hommes étaient pâles de faim ou de colère ; le brigadier, en homme exercé, reconnut le château pour la seule habitation convenable au traitant ; il entra donc jusqu'au pont-levis, qui se trouva fermé.

Desbuttes commençait à se fatiguer des visites militaires, et, propriétaire de sa propriété, il se croyait en droit de fermer sa porte et de regarder défiler les troupes du roi.

Le brigadier en décida autrement. Tout à cheval, il frappa de sa houssine sur le parapet de planches, en criant :

— Eh ! là dedans, M. le commissaire.

Autour de lui s'étaient groupés une quarantaine d'officiers et de bas officiers, la corne du chapeau sur l'œil, l'œil de travers, la mine mauvaise. Desbuttes ouvrit la fenêtre, derrière laquelle il se retranchait.

— Plaît-il, monsieur? répliqua-t-il timidement.

— Monsieur, cria le brigadier, êtes-vous commissaire des vivres?

— Oui, monsieur.

— Est-ce vous qui avez reçu la commission n° 52, qui dessert cette province.

— Oui, certes, monsieur.

— Et d'abord, vous n'êtes pas poli, M. le commissaire; on ne parle pas à un brigadier des armées du roi du fond d'un chenil, comme un dogue qui aboie au pauvre monde. Sortez un peu, qu'on vous voie, et abaissez-moi ce pont. Est-ce que nous avons des habits blancs comme les Espagnols? Regardez, nos casaques sont rouges, et le galon en est assez frais, je suppose, pour que vous reconnaissiez les chevau-légers français.

Desbuttes se pencha le plus possible hors de la fenêtre, et répliqua qu'il avait ses raisons de s'enfermer; que les gendarmes avaient passé, puis les grenadiers, que le village et le château étaient à sec.

— Tout cela ne regarde pas les chevau-légers, dit le brigadier avec colère; vous deviez nous faire dîner à la dernière étape; c'est porté sur ma feuille de route; le dîner a manqué.

— Monsieur, j'ai reçu ordre de faire conduire les vivres à Valenciennes.

— Monsieur, montrez-moi l'ordre.

— L'ordre était verbal; c'est un cavalier du bailliage de Valenciennes qui me l'a apporté.

Cette réponse parut une défaite et souleva une tempête dans le groupe qui entourait le brigadier.

— Allons, allons, avancez, dit ce dernier à Desbuttes, et abattez ce pont. Service du roi !

— Mais, monsieur, je suis chez moi.

— J'y veux entrer pour voir vos caves.

— Elles sont vides.

— Nous connaissons la valeur de ce

mot-là, M. le commissaire : ouvrez, ou j'enlève de force votre pont, et une fois la citadelle prise, gare !

Desbuttes, les larmes aux yeux :

— Messieurs, dit-il, je vais à vous.

— Ah ! enfin ! s'écrièrent les vautours du groupe.

Cependant, La Goberge essayait de retenir son ami, nouveau Régulus, allant se livrer aux affamés. Violette, confinée en un cabinet vérouillé, ne savait rien de ce qui passait au-dehors.

— Vous êtes perdu si vous ouvrez, disait le bailli à son seigneur. Ces chevau-légers sont des tigres.

— Monsieur, fuyez par une poterne, disait le sénéchal. nous vous accompagnerons tous; c'est l'unique moyen de salut!

— Ne me laisse pas seul, disait La Goberge, en se cramponnant aux habits splendides de Desbuttes, je ne puis pas marcher, on me prendra pour le maître de la maison, et l'on me donnera l'estrapade à ta place.

Chacune de ces allocutions augmentait

d'un ton la pâleur du financier; de blanc, devenu jaune, il tournait au vert.

Un formidable coup, frappé dans le tablier du pont, fit bondir Desbuttes, qui se résolut à une conférence avec l'ennemi ; le bailli et le sénéchal s'enfuirent vaillamment par leur poterne. La Goberge s'étendit sous son lit.

Les chaînes grincèrent, le pont s'abattit ; Desbuttes s'avança, l'air benin, le cœur battant, un discours gracieux et lamentable sur les lèvres. Vingt hommes fondirent sur lui et l'amenèrent au brigadier.

Ces jeunes gens ne ressemblaient pas mal au chien couchant, qui saisit le lièvre au gîte, et lui appuie sur l'échine une mâchoire inoffensive encore, mais toute prête, sans le regard impérieux du chasseur, à plonger trente poignards dans la chair vivante.

— Fort bien, dit le brigadier ; tenez-le, et qu'on me suive dans la maison, où je ferai perquisition.

— Monsieur ! monsieur ! s'écria l'infortuné Desbuttes, je n'ai pas une once de farine, pas un grain d'orge, pas un os, pas une goutte de vin!... La Maison du roi m'a tout pris !

— Eh bien? raison de plus : nous reconnaîtrons votre intégrité, votre innocence ; nous en donnerons certificat.

Et ils s'avançaient.

— Monsieur, j'ai ma femme, ma jeune femme malade, vous la tuerez de peur !

Une huée féroce accueillit ce cri de détresse. Les jeunes fous ne se montrèrent que plus âpres à l'invasion.

Mais le brigadier fut touché de compassion : il avait cinquante ans, et était marié depuis six semaines.

— Voilà qui est différent, dit-il, en étendant son bras comme une barrière entre le château et les envahisseurs ; on respectera votre femme, monsieur le commissaire.

La huée se changea en un murmure assez hostile au brigadier.

— Ah çà! dit ce dernier, suis-je le maître ici, et faut-il que je prenne les noms des mutins pour les donner au général?

M. de Rubantel ne plaisantait pas avec la discipline; les étourdis grognèrent plus bas, les estomacs seuls se plaignirent.

Mais au-delà des officiers et des meilleurs chevau-légers, il y avait les deux mille pionniers qu'ils avaient amenés en croupe.

Mauvais paysans, fiers et furieux d'être soldats.

Ceux-là grondèrent, parce qu'ils avaient un moment espéré le pillage.

Le brigadier n'était pas un homme trempé comme M. de Villemur; il fut ému du bruit des réclamations, et, croyant satisfaire à tout :

— Messieurs, eut-il l'imprudence de dire, je visiterai la maison avec deux officiers ; si elle est vide, comme monsieur le prétend, nous partirons ; sinon, il y aura trahison évidente, et alors comme alors !

Un hourrah de satisfaction accueillit ces paroles. Pour les pionniers, elles signifiaient : Il y a trahison ; le commissaire sera pendu.

Les masses n'entendent jamais d'assez

près les orateurs qui les haranguent; tout conseil qui ne leur plaît pas change de sens en arrivant jusqu'à elles. Les chevau-légers attendirent en bourdonnant que le brigadier eût fait sa visite. Ils continrent les pionniers par leur seule présence ; et lorsqu'au bout d'une demi-heure, le commandant assura qu'il n'avait rien trouvé, du grenier à la cave, on le crut d'autant mieux, qu'on s'était fait raconter par les vassaux d'Houdarde les franches-lippées des gendarmes et des grenadiers de la garde.

Cependant, cette déclaration, bonne pour calmer des estomacs intelligents, ne suffisait pas à donner du ventre aux chevaux. Le major, qui reçut l'ordre de faire sonner le boute-selle pour marcher sur Valenciennes, interrompit respectueusement son supérieur par ces paroles :

— Monsieur, les chevaux n'en peuvent plus.

— Mais, major, puisqu'on n'a rien à leur donner ici ; puisque les fourrages sont à Valenciennes, il nous faut aller à Valenciennes.

— Monsieur, c'est déjà trop d'un cavalier pour nos bêtes, qui ne se peuvent porter elles-mêmes ; jamais elles ne porteront double charge, il faut mettre à terre les pionniers.

— Eh bien! à terre les pionniers! dit le brigadier, avec la satisfaction que tout officier de cavalerie éprouve à se débarrasser des fantassins.

Cet ordre consola les chevau-légers de leur abstinence. Ces jeunes gentilshommes avaient beaucoup souffert du contact d'un paysan, qui, trop souvent, les étreignait quand trottait le cheval.

Ils se hâtèrent de reprendre la libre possession de leur monture, et s'éloignèrent d'Houdarde en respirant presque aussi joyeusement que Desbuttes, l'infortunée victime de la journée.

Entendre les clairons, voir les cavaliers se jeter en selle, sentir la commotion de ce galop de deux mille quadrupèdes, c'était une joie enivrante assurément ; Desbuttes ne remarqua point les masses noires et silencieuses qui étaient demeurées sous les arbres, autour de la maison, dans l'ombre de la nuit.

Au bruit décroissant de ce galop, si bien imité par l'hexamètre de Virgile, le sénéchal et le bailli étaient revenus près de leur maître. On se jetait dans les bras les uns des autres. La Goberge eût embrassé Belair en un pareil moment.

— Vite! s'écria Desbuttes, relevez le pont. J'ai dû, par civilité, le laisser bas tant que ces maudits cavaliers demeuraient sur la place; maudits, non pas, car ils ont été charmants; ils s'en vont... Mais enfin, levez le pont; il me tarde d'être chez moi, de tirer de dessous les verroux ma pauvre femme, et de savoir pourquoi tantôt elle était si triste, pourquoi si pâle, pourquoi...

Il fut interrompu, le malheureux, par

un bruit épouvantable. Ainsi la nuit mugissent les flots bourbeux des fleuves, quand ils inondent une plaine, assiégent les villages, clapottent en montant les murailles, et s'engouffrent en cascades effrayantes dans les maisons, qu'ils noient avec les habitants.

IV

OU DESBUTTES FRISE LA POTENCE.

Les pionniers, restés seuls avec un sous-officier qu'on leur avait laissé pour digue, on méprisait trop cette canaille pour supposer qu'elle eût d'autres idées que n'en ont les troupeaux de moutons;

les pionniers, disons-nous, qui n'étaient point la fleur des Picards, des Berrichons et des Poitevins, se souvinrent qu'on leur avait parlé de trahison et de punition; qu'il y avait là, en face, un château, dans ce château un commissaire des vivres, l'ennemi commun, et, après s'être consultés une minute par groupes de compatriotes, ils fondirent, comme une mer déchaînée, sur le pont-levis, qui se relevait.

Il en tomba bien quelques-uns dans la rivière, mais elle n'était pas assez profonde pour les noyer; d'ailleurs ils se racrochèrent à des filets et à des perches que leurs mains rencontrèrent sur les berges.

Des filets !... il y avait donc du poisson à prendre ? Les Poitevins, ceux du bas-pays, sont de grands ichtyophages. Ils se mirent à ravager la rivière, de telle façon que pas un goujon, pas une anguille, fût-elle de la grosseur d'une aiguille à tricoter, pas un barbillon, fût-il de la taille d'un goujon de six semaines, n'échappa au curage.

Une bande s'était précipitée dans les caves, une autre commençait à enfoncer les portes du grand escalier, que Desbuttes, aux abois, avait eu la présence d'esprit de barricader avec la barre de clôture.

Déjà l'on entendait les hurlements des

valets serrés à la mode de la Jacquerie, les cris des servantes se heurtant éperdues comme des chauve-souris, dans les corridors; déjà s'allumaient quelques chandelles destinées à se changer en torches incendiaires, lorsque la porte étant forcée, Desbuttes fut saisi par les furieux au moment où il essayait d'entrer chez sa femme pour se cacher près d'elle.

Pris, traîné, enlevé sur les épaules de ces coquins qui l'enveloppaient en redescendant l'escalier, un peu battu, un peu pincé, plus mort que vif, il poussa un gémissement tellement aigu, tellement lamentable que le château en retentit.

Violette à ce cri tira ses verrous, se

précipita hors de sa chambre et dans un transport de généreuse colère, ouvrit, malgré les efforts de dix hommes, une fenêtre qui donnait sur les fossés du château.

Tout en se débattant avec furie, elle vit Desbuttes s'agiter au-dessus des bras qui l'emportaient ; elle aperçut comme une corde se balançant à l'un des bras du pont-levis, et le désespoir dans l'âme, le délire au cerveau, elle réunit toutes ses forces pour crier: Au secours! au meurtre! au secours ! mordant les mains furieuses qui s'appliquaient sur sa bouche et voulaient l'arracher de la fenêtre.

Il était temps: un effroyable silence se

faisait déjà dans cette foule, ce silence qui précède le meurtre et en accompagne les hideux préparatifs.

Soudain une voix tonnante perça la nuit comme une explosion de mousquetade, deux chevaux lancés à fond de train entrèrent dans la foule, qu'ils trouèrent profondément.

— Jour de Dieu! Lavernie, dit la voix, je crois qu'on assassine par ici!

— Oui, mon général, chargeons, tuons toute cette canaille!

— M. de Rubantel! murmurèrent les

pionniers en déroute, dès qu'ils reconnurent le général.

Violette, délivrée, vit alors deux épées de flamme voltiger comme des météores au-dessus des têtes vacillantes, çà et là quelques vides se faire dans la foule, deux chevaux bondissants, deux hommes s'escrimant, aux pieds desquels Desbuttes, libre et tout en larmes, s'agenouillait comme devant deux anges.

Elle s'élança vers les dégrés pour aller remercier aussi ses deux vaillans libérateurs. Le devant du château était nettoyé de pionniers comme l'intérieur l'avait été de vivres par les gendarmes.

La bande, effarouchée, dispercée dans tous les sens, courait à toutes jambes sur la piste des chevau-légers.

Mais Violette n'avait eu de forces que pour se défendre et défendre son mari ; elle ne se vit pas plus tôt dégagée, seule, sauvée, qu'elle resta clouée au parquet, paralysée, chancelante, et sans une banquette qui reçut ses membres engourdis, elle fût tombée à la renverse.

Ce miraculeux secours si opportunément arrivé, ne tombait cependant pas du ciel.

M. de Rubantel, lieutenant-général,

destiné au commandement de huit bataillons et de cinq escadrons, était resté en arrière, comme nous l'avons dit. C'était un brave guerrier, un honnête homme, homme *de peu*, comme dit Saint-Simon, et que son peu de seigneurie rendait plus fier encore et plus susceptible à l'égard des princes et des grands qui le commandaient.

C'était un homme d'opposition, comme on dirait aujourd'hui, et en cela semblable à Catinat, sauf la différence des caractères; Catinat, doux, poli, réservé, muet quand la cour l'avait blesssé : Rubantel, hargneux, pointilleux, querelleur. Ce qui ne l'avait pas empêché de faire un assez bon chemin, parce qu'il était fort vaillant et fort riche, deux vertus qui le rendaient cher aux troupes.

Rubantel, sachant qu'il avait devant lui Vendôme, un prince, derrière lui monsieur de Boufflers, un très grand seigneur, ne se souciait point de courtiser l'un ou l'autre de ses supérieurs: il tenait donc sa place entre les deux, laissant sa colonne à un brigadier, en observant de ne point approcher de l'avant-garde ou de l'arrière-garde, dans la crainte d'être appelé à l'ordre et de se quereller avant l'expédition qu'on projetait.

Afin d'en arriver paisiblement à ce

but, il marchait seul avec son aide-de-camp et son laquais, en simple volontaire, regardant trotter ses chevaux de main, qu'il avait élevés lui-même, et regardant aussi les plaines pour faire des remarques sur la culture.

De loin, quand il avait gravi une éminence, il voyait devant lui ses escadrons poudroyer sur la route. Derrière, il apercevait les gros bataillons et les douze escadrons de M. de Boufflers, à qui M. le duc du Maine servait de maréchal-de-camp pour cette campagne ; circonstance notable à laquelle le marquis de Boufflers devait d'avoir une cour réelle.

Et, se sentant libre entre ces deux

puissances, il respirait le grand air avec de larges poumons, faisait siffler sa badine, et plaisantait d'un ton le plus agréable avec son aide-de-camp, voire avec le laquais, vieux serviteur qui ne se sentait pas d'aise.

Quand Rubantel, dans la matinée, vit M. de Vendôme s'arrêter à Houdarde, puis Villemur y faire halte à son tour, il craignit un de ces encombrements forcés qui mêlent les détachements les uns avec les autres, et envoya son aide-de-camp s'informer de ce qui se passait.

Resté seul avec le laquais, il commençait à s'ennuyer lorsqu'au coin d'un petit bois qui bordait la route, il vit des chevaux gardés par un valet monté sur une mule.

Trois cavaliers, profitant du soleil qui dorait le talus verdoyant, avaient étalé sur l'herbe de frugales provisions. Une bouteille de fin osier blanc, un reste de pâté, quelques fruits secs composaient le festin. Mais des trois convives un seul faisait honneur à la collation. Encore mangeait-il lentement, comme à regret, jetant un œil tendre sur ses deux compagnons, qui, la tête inclinée sur la poitrine, à sa droite et à sa gauche, jouaient distraitement l'un avec les oreilles soyeuses d'un petit chien noir et blanc, l'autre avec son couteau de chasse.

Rubantel s'arrêta pour considérer ce tableau empreint de grâce et de mélancolie; le mangeur était un petit homme rond et rose sous ses cheveux gris. Il portait un habit plus noir que brun, des bas noirs drapés malgré le soleil; des souliers au lieu de bottes, bien qu'il dût voyager à cheval. C'était un prêtre ou un vieux procureur.

Des deux compagnons attristés, celui qui caressait le chien était un beau et fier jeune homme, aux cheveux noirs, d'une grande taille, vêtu de deuil ; l'autre, un frêle jouvenceau, blond comme de l'or, malgré les cils bruns qu'il abaissait vers le gazon.

Le bruit que firent en s'approchant du groupe les trois chevaux de Rubantel, leur hennissement quand ils sentirent des camarades, firent aboyer le chien, lever la tête au grand jeune homme brun, et découvrirent à Rubantel une physionomie connue :

— Jour de Dieu ! c'est Lavernie, s'écria-t-il.

Gérard, c'était bien lui, se leva d'un

bond et courut à la rencontre du général en s'écriant;

— M. de Rubantel!...

Les deux autres hommes, le prêtre et le jouvenceau se levèrent à ce nom qui commandait le respect. Le chien cessa d'aboyer et se coucha près de l'ecclésiastique.

—Mon général, dit Gérard, quelle joie de vous rencontrer.

— Quelle surprise, c'est pour moi, répliqua Rubantel, car je vous croyais à l'armée de Catinat.

— J'y étais en effet, mon général, dit Lavernie d'une voix sourde.

— Pourquoi donc vous trouvé-je ici ? Catinat n'en a pas fini avec M. de Savoie. Ah! pardon, interrompit-il soudain en remarquant le deuil du jeune homme ; une perte douloureuse vous a ramené...

— Ma mère, dit Gérard d'une voix mal assurée.

Rubantel se baissa sur ses arçons et passa ses bras au cou de Gérard en l'étreignant affectueusement.

— Je vais mettre pied à terre, dit-il,

nous causerons mieux. Qui avez-vous là avec vous ? Votre frère ? Et votre clerc ?

— Mon général, ce jeune homme n'est pas mon frère; j'en avais un, que nous avons perdu il y a longtemps ; c'est plus que mon frère, c'est M. Belair, mon ami. Le vieillard est mon précepteur, M. l'abbé Jaspin.

Rubantel ôta son chapeau; Jaspin, essuyant sa bouche, et Belair rangeant ses cheveux, saluèrent, respectueusement et de loin, le général.

— Mon général, dit Gérard, ne vous

arrêtez point ici, s'il vous plaît ; ce jeune homme se cache ; il est dans la disgrâce de M. de Louvois, et se dissimule du mieux qu'il peut aux regards. Vous, mon général, vous êtes tellement connu, vous brillez d'un éclat si grand, que s'il passait ici de nouvelles troupes, le reflet de votre lumière trahirait ce pauvre garçon.

— Ah! il se cache, répliqua le général en considérant avec intérêt la charmante figure de Belair ; il ne doit pas être un gros coupable. Cependant, pour déplaire à M. de Louvois, il n'en faut pas tant, ajouta Rubantel, heureux de placer un coup de dent sur le ministre.

Gérard soupira.

— Eh bien! continua le général, je vais poursuivre mon chemin ; montez à cheval, Lavernie, vous m'accompagnerez; le bon abbé avec le jeune homme nous suivront de loin, nous leur servirons d'éclaireurs, au besoin même de sauvegarde; car enfin, M. de Louvois n'est pas tout en France, dit Rubantel en enflant ses joues, et l'on vaut bien quelque petite chose aussi, jour de Dieu! Ainsi venez, mon ami, j'ai cent choses à vous dire, et faites-moi donner un quartier de ce pâté que je convoitais, s'il faut vous l'avouer. Je croquerai cela tout en marchant, de sorte que je me passerai de dîner ce soir avec cette foule de princes.

Le laquais se précipita pour recevoir des mains de l'abbé une tranche appétissante que Belair plaça sur une large feuille de sycomore. Cependant Gérard, après avoir serré la main de ses compagnons, s'était mis en selle. Rubantel dépêcha le morceau en cinq bouchées, avec les belles dents d'un seigneur chasseur; il but une longue gorgée à la bouteille d'osier, salua encore, et partit au pas, côte à côte avec Gérard, en admirant Jaspin qui serra précipitamment dans un mouchoir blanc les restes du dîner, et commanda au laquais de les enfermer dans sa valise. Le chien ne vit pas plus tôt Gérard à cheval, qu'il sauta gracieusement et sans trébucher, sur le pommeau de la selle, où il prit place, les pattes allongées, comme l'agneau sur l'épaule du bon Pasteur.

— N'allons pas si vite, dit Rubantel, nous n'avons rien à craindre, nous; Dieu merci, nous tâtons de la faveur.

— Parlez pour vous, mon général, répliqua Gérard.

— Eh, quoi ! auriez-vous à vous plaindre? Après ce que Catinat a écrit de vous

et de votre belle conduite à Staffarde...
n'êtes-vous pas satisfait du commandement qu'on vous a donné pour cette campagne?

— On ne m'a donné aucun commandement, mon général.

— Quoi ! vous servirez encore comme lieutenant? Vous n'avez pas au moins la compagnie?

— Je ne servirai pas du tout, et je ne suis plus même lieutenant, monsieur ; j'ai été cassé !

Rubantel fit un bond sur son cheval.

—Vous !... un officier sage comme une fille et brave comme un lion !... Vous cassé !... Par qui ?

—Mais par celui qui casse ; par M. de Louvois.

— Que lui avez-vous donc fait, Lavernie?

Gérard hésita un moment. Il allait être forcé de repasser par le sentier d'épines, le douloureux sentier de ses malheurs. Mais il avait en face de lui des yeux si loyaux, une main si affectueuse, que la réserve eût été une offense. Il raconta donc à Rubantel les bontés de Catinat la veille de Staffarde, le dévouement de Belair, la fuite d'Antoinette et l'incompréhensible acharnement de Louvois après cette jeune fille, et la mort de madame de Lavernie, que l'impitoyable ministre avait tuée entre ses bras.

— Ah! ça, mais cet homme-là est le démon incarné, s'écria Rubantel tout ému de compassion et de colère. Quoi! il vous en veut d'avoir défendu votre mère et votre fiancée!

Gérard tira de son justaucorps la lettre suivante du ministre qu'il présenta au général.

« M. Gérard de Lavernie.

» Le roi n'aime pas qu'on manque à la discipline et au respect des supérieurs, même en dehors du service. Sur la plainte que je lui ai adressée, S. M. vous retire la lieutenance qu'elle vous avait daigné accorder. Vous garderez six mois les arrêts dans vos terres.

» Signé : MICHEL LOUVOIS. »

— Oh! murmura le général; voilà qui est dur!... Jour de Dieu! si on m'avait fait pareille injure...

— Vous êtes un grand officier, vous,

mon général, et l'on compte avec vous ; moi, un gentilhomme provincial, un atôme, on souffle sur moi, je disparais, je rentre dans le néant.

— Pauvre Lavernie !.. mais j'y pense... vous êtes aussi disgracié que votre ami Belair, vous êtes mis aux arrêts, et les six mois ne sont pas expirés ; songez-vous bien à quoi vous vous exposez, avec un sacripant comme ce Louvois ? il est capable de vous faire passer par les armes. Jour de Dieu ! prenez garde... rien ne vous sauverait, mon cher enfant, pourquoi êtes-vous ainsi à découvert, au soleil, par les chemins, en face de vingt-cinq mille hommes dont la moitié peut vous reconnaître... Diantre!... c'est imprudent.

— Mon Dieu! général, c'est vrai, répliqua Gérard; je n'ai qu'une peur, c'est de vous attirer quelque désagrément ; merci pour vos bonnes paroles... Je tourne bride et retourne vers mes amis; poursuivez votre chemin de peur qu'on ne nous voie ensemble.

Le général se redressa offensé.

— Dites-donc, Lavernie, répliqua-t-il, me prenez-vous pour un veillaque? Depuis quand M. de Rubantel a-t-il peur des gens en disgrâce? Est-ce que je suis un archer pour vous arrêter sur la grande route? Est-il écrit dans mon brevet de lieutenant-général que je devinerai les antipathies de M. de Louvois, et que je lirai sur la figure des gens s'ils sont libres ou condamnés aux arrêts? Faites-moi donc le plaisir de ne pas vous occuper de moi, et occupons-nous beaucoup de de vous, au contraire. Ce que je vous ai dit était par pure prévoyance; je connais le Louvois et ses espions, et ses exécutions féroces. Maintenant, vous êtes averti, marchons!

Gérard saisit la main du brave général, et la retint affectueusement dans les siennes.

— J'avais tout prévu, dit-il, en venant ici, et je m'attends à tout.

— A la bonne heure ; mais est-ce trop indiscret de vous demander ce que vous comptez faire ?

— Mon général, mon vieil ami, vous êtes un de ces cœurs dans lesquels tout honnête homme doit aimer à verser son secret. Dans ma province, où je languissais depuis la mort de ma pauvre mère, j'ai appris vaguement qu'il se préparait un armement formidable ; les campagnes ont été pratiquées, on a fait sourdement des levées d'ouvriers et des recrues, on a vidé les magasins. Peu à peu, j'ai suivi le courant pour voir de quel côté il entraînerait tous ces préparatifs, les ruisseaux m'on conduit au fleuve, le fleuve à la mer, et j'ai eu la conviction que Louvois médite un coup sur la frontière de Flandre, quelque chose comme un blocus de Charleroi, peut-être même une tentative sur Ostende.

— Il serait possible, répliqua Rubantel ; mais sur l'honneur nous n'en savons rien. Tous les ordres nous sont venus simultanément. Boufflers, Vendôme, Luxembourg, Joyeuse, M. de Soubise, M. le duc et moi, nous sommes partis le même jour, à la même heure, ayant autant de chemin à faire les uns que les autres: cela fait déjà soixante mille hommes; derrière nous et avec nous marchent des troupes que nous ne connaissons pas, de l'artillerie que j'évalue à cent pièces de canon au moins, des fourgons pour un million de poudre: c'est gigantesque. Quant aux vivres et munitions, cela surpasse toute idée. J'ai vu hier cinq cents chariots voiturer du bois pour la cuisine. Il y en avait une file de deux lieues. A quoi cela sera-t-il employé? Le roi n'en sait peut-être rien, mais Louvois le sait à coup sûr, et c'est un bel ouvrage qu'il a fait là.

— Oh! oui, dit Gérard, M. de Louvois est un grand génie; vous l'appeliez tout-à-l'heure le démon, et il l'est en effet, démon du mal! Eh bien, monsieur, ce génie infernal qui promène la désolation partout, ce fléau qui a ravagé le Palatinat deux fois, l'année dernière encore, de telle sorte qu'il l'a ruiné à jamais, ce colosse contre lequel tous les princes de l'Europe se sont ligués pour l'anéantir sous les débris de la France, c'est un grain de sable, un atôme, un souffle qui l'écrasera. Louvois assistera sans aucun doute à l'expédition qu'il prépare, et moi je suis parti pour tuer M. de Louvois, acheva froidement Gérard en attachant ses beaux yeux calmes sur le visage animé de Rubantel.

— Eh! eh! peste... comme vous y allez, jeune homme, répondit le général; ce n'est pas que je vous désapprouve, au moins; nous débarrasser de Louvois! je ne m'en plains pas; mais... les moyens?..

— Oh! mon général, des moyens de soldat et de gentilhomme, dit Gérard en frappant sur la poignée de son épée.

— Bon!... Est-ce qu'un ministre de la

guerre se bat contre un lieutenant de dragons !

— Je ne suis plus lieutenant, puisqu'il m'a cassé. Je rentre dans les rangs de la noblesse neutre ; le comte de Lavernie vaut bien le marquis de Louvois, je suppose.

— Enfantillage ; Michel, fils de Michel, ne se bat pas. Le roi le lui défendra, et l'on vous coupera la tête, mon ami.

— Si j'en étais bien sûr, dit Lavernie avec un triste sourire.

— On dirait que cela vous affriande ?

—Pourquoi pas, mon général ? Qu'ai-je à faire en ce monde, d'où ma mère est partie, où... une autre personne ne se retrouva plus pour moi ? La religion défend à des chrétiens de se donner la mort ; mais elle leur permet de mourir sur un échafaud pour avoir vengé leur mère ! Donc, je rencontrerai M. de Louvois et lui conterai mon projet. Il me refusera, j'en suis sûr comme vous. Alors je m'adresserai à M. de Courtanvaux, son fils aîné... que je tuerai... puis à M. de Barbezieux... puis...

—Vous détruirez donc toute la couvée ? Comme vous y allez !

— J'effacerai cette race de la surface

du globe, comme Louvois a effacé mon honneur et ma joie!... s'écria Gérard avec une exaltation terrible.

— Là, là, dit M. de Rubantel, modérez-vous, laissez-en un peu pour conserver la graine. Louvois est le plus mauvais citoyen de France, mais il a du bon; c'est lui qui a formé l'armée, voyez-vous! Je comprends votre colère, mais cherchons un autre moyen; connaissez-vous quelqu'un à la cour?

— Personne, et ne veux connaître personne. Tenez, mon général, ne combattez pas ma résolution, elle est inébranlable.

—Ecoutez un petit avis que je vous donne bien bas : d'après tout ce que je recueille à droite et à gauche, d'après la collection de princes petits et gros que je vois fourmiller à la tête de nos escadrons, il m'est venu depuis hier une idée énorme. C'est que Louvois ne viendra pas seul inspecter les opérations dont nous sommes les outils. Le roi est capable de vouloir assister aux premières armes de son cher fils, M. du Maine.

— Le roi! dit Gérard.

—Chut! gardez-vous de répéter cela, même à votre ombre. Je conclus : votre détermination de tuer Louvois ne serait pas absolument mauvaise, si Louvois consentait à se laisser tuer. Celle d'appeler successivement les fils dudit Michel me paraît impraticable. Eussiez-vous tué Courtanvaux et Barbezieux, ce qui offre des difficultés, vous ne tueriez pas le quatrième fils, l'abbé Louvois; un abbé ne se bat point, j'espère, il resterait encore quatre petits Louvois, puisqu'ils sont sept. Renoncez à cela : attendez le roi s'il vient, ce que je ne garantis point, mais qui est probable, et, moi, qui dis ce que que je pense, très-haut et très-net, je vous prends par la main un jour de grande fumée, alors que ma main sera bien noire et mon épée bien rouge, et je vous présente à S. M., foi de Rubantel, dussé-je passer sur le ventre aux sept Louvois et à leur père.

— Vous êtes un excellent ami et un puissant protecteur, mon général; mais, réfléchissez bien à ce que vous me demandez : si le roi me repousse?

— Alors, nous aviserons.

— Il sera trop tard, puisque j'aurai forcé mes arrêts.

— Je prends sur moi votre voyage.

— Mais d'ici à ma présentation au roi, si je suis découvert et qu'on me conduise à Louvois?

— Eh bien, mais vous risquiez cela, je crois, en vous promenant comme vous faites au soleil.

— Oui, mais je le faisais exprès pour être conduit à M. de Louvois, et lui adresser ma proposition bien en face.

— Singulier homme! balbutia Rubantel embarrassé; il affronte un pareil danger, flanqué d'un ami qui court plus de danger que lui-même, et d'un abbé bon tout au plus à l'exhorter quand on le mènera devant le piquet fatal.

— Mon général, il ne faudrait pas dire

de ces choses-là au cher abbé Jaspin, répliqua Gérard en souriant.

— Pourquoi donc? le bonhomme!

— Parce qu'il avait, lui, une bien autre idée : tout bonhomme qu'il vous paraît être, il voulait, purement et simplement, s'en aller à Versailles.

— Lui, à Versailles...

—Pas davantage! Assuré, disait-il, non seulement de convaincre le roi que je suis innocent, mais encore de me faire nommer quelque chose comme maréchal...

— De camp...

— Ce n'est pas assez pour mon Jaspin, quand il s'y met, cher et digne homme !

— Prenez garde ! il est un peu fou, peut-être. J'ai cru voir dans ses yeux comme de l'égarement. Il vous perdrait !

— Non, mon général, Jaspin ne pense pas toujours, voyez-vous, et lorsque la tête est vide l'œil ne dit rien ; mais quand Jaspin pense par hasard à quelque chose, c'est à moi et à mon bonheur. S'il a momentanément renoncé à son projet de me faire maréchal, s'il est venu ici avec moi au lieu d'aller à Versailles, c'est qu'il craint de ma part un coup de tête, une colère et qu'il veut me surveiller.

—Croyez-moi, mon cher enfant, enfermez votre petit abbé dans une boîte, votre ami Belair dans une autre, cachez-vous dans une troisième : faites des trous à tout cela pour respirer un peu. Je vous case bien étiquetés parmi mes bagages, et au jour donné, nous paraissons.

RECONNAISSANCES.

Gérard échangeait un sourire contre les gros éclats du bon général, quand tout-à-coup ils virent dans les premières ténèbres du soir, accourir à eux des ombres haletantes qui semaient l'alarme sur leur passage par des gestes et des cris d'effroi.

— Eh! que se passe-t-il? dit M. de Rubantel en arrêtant son cheval pour mieux reconnaître le danger avant de s'y précipiter. L'ennemi a-t-il passé la frontière et culbuté notre avant-garde? S. M. Guillaume d'Angleterre nous fait-elle la surprise que nous projetions de lui faire? Croyez-moi, Lavernie, le pistolet à la main et dégaînons!

— Alarme! alarme! criaient en approchant les ombres gémissantes.

—Ce sont des paysans, des femmes, dit Gérard.

— Qui fuient une invasion peut-être ? ajouta le général pousuivant son idée.

Gérard courut à l'un des fuyards et l'interrogea; il apprit qu'un corps de fantassins assiégeait et pillait un petit château voisin.

— Des fantassins, les miens peut-être? s'écria Rubantel. Jour de Dieu ! voyons cela Lavernie !

Et il serra les flancs de son cheval.

— Ils disent, général, que c'est la maison d'une commissaire des vivres.

— Ah ! c'est différent, ne bougeons pas.

— Oui, mon général, mais nos soldats ne sont pas des pillards, et un commissaire n'est pas un Hollandais !

— C'est juste, piquons !

Et les deux cavaliers lancèrent leurs chevaux sur la route.

Nous savons le reste : Nous avons vu la déroute des pionniers et les formidables moulinets des deux épées ; nous avons laissé Desbuttes prosterné devant ses sauveurs, La Goberge enterré sous son lit, le sénéchal et le bailli on ne sait où, Violette immobile et glacée au vestibule du premier étage.

Autour du général, presque aussi vite que lui étaient revenus les vassaux d'Houdarde, encouragés par l'idée qu'un général venait à leur aide.

— Pardieu, dit le général à Desbuttes, quand son compagnon et lui eurent mis pied à terre et confié leurs chevaux à vingt mains qui se les disputaient, vous l'avez échappé belle, M. le commissaire, je crois que ces brigands-là vous allaient pendre.

— Voici la corde, répliqua Desbuttes,

qui étranglait au seul souvenir de son danger.

— Nous sommes arrivés à point.

— Mais j'entendais crier une femme, ce me semble, dit Gérard.

— Ma pauvre femme, monsieur le général.

— Ah çà, mais elle n'est pas commissaire, elle, on n'avait pas le droit de la pendre; mais voilà les tours de ces coquins de pionniers quand on les lâche. Et les chevau-légers qui les portaient en croupe ? Où sont-ils ?

Desbuttes raconta l'aventure.

— C'était prévu, dit Rubantel. J'avais mis les manans derrière les gentilshommes pour éviter ce malheur-là. Souvenez-vous-en bien, Lavernie, quand vous serez lieutenant-général, n'abandonnez jamais à lui-même le paysan que vous aurez armé. C'est un enfant à qui l'on prête un sabre : il s'éborgne ou vous tue.

— Mon cher monsieur, répondit Gérard, si jamais je suis lieutenant-général, comme vous serez maréchal de France, j'aurai encore vos bonnes leçons, dont je profiterai de tout mon cœur. Mais, mon général, veuillez songer un peu à ce pauvre homme qui tourne sa langue dans sa bouche sèche, et ses pouces l'un autour de l'autre.

— Que lui faut-il, puisqu'il est vivant.

— Il attend votre congé pour aller rassurer sa femme ; n'est-ce pas, monsieur, que je vous ai bien deviné ?

— Oh! oui, monsieur l'officier, oui, dit Desbuttes, oui, mon sauveur !...

—Je ne suis qu'un simple gentilhomme, monsieur, aucunement officier, mais très heureux de vous avoir été agréable.

— Agréable! murmura Desbuttes en

portant la main au cou. Monsieur est modeste !

— Allez donc chercher madame votre femme, dit Rubantel en riant à Desbuttes, qui partit à reculons pour ne point manquer une révérence.

— Et moi, dit Gérard, je vais courir au devant de nos amis un peu distancés, j'en ai peur, par notre temps de galop.

— C'est cela, courez ; c'est le moins que monsieur le commissaire vous prête un peu sa maison qu'il vous doit. Le cher proscrit Belair, ajouta-t-il tout bas, et le cher prisonnier Lavernie seront ici comme des coqs en pâte ; courez, courez !

Gérard n'avait pas fait cent pas au-dehors, qu'il trouva ses compagnons debout sur leurs étriers, poussant leurs montures des talons et de la voix, pour rejoindre leurs devanciers, dont ils commençaient à être inquiets.

L'abbé avait perdu son chapeau et l'un de ses souliers en route ; Belair appelait Gérard à grands cris.

— Allons, allons, calmez-vous, mes amis, dit Gérard ; ce n'est rien qu'un homme dont nous avons sauvé la vie, et qui va nous offrir un bon souper pour récompense.

— Dieu soit loué! soupira Jaspin qui se laissa tomber plutôt qu'il ne descendit de cheval, et s'accrocha au bras de Gérard, que Belair tenait par son autre main.

C'est ainsi qu'ils firent leur entrée dans le château, jusqu'au salon qui s'éclairait, et dans lequel M. de Rubantel s'était installé.

A ce moment, Desbuttes descendait de

l'escalier, précédant Violette qui voulait offrir à ses libérateurs ses plus ferventes actions de grâces.

— Messieurs, voici ma femme! s'écria le traitant qui éclaira, d'un flambeau à triple branche, le charmant visage de Violette.

Belair livide, recula d'un pas, Violette poussa un cri étouffé.

Ce cri, cette épouvante furent perdus pour Desbuttes, vers lequel Jaspin s'était précipité pour embrasser son filleul.

Mais Gérard et M. de Rubantel avaient

tout vu ; le général ne comprit pas ; Gérard sentit son cœur se gonfler du désespoir empreint sur le visage des deux amans.

Quand Desbuttes eut bien embrassé Jaspin :

— Mon parrain ici, s'écria-t-il, mon parrain dans mon château !... en compagnie de ces messieurs !... Eh ! mais, monsieur l'officier serait-il M. de Lavernie ?

— Lui-même, dit Jaspin.

— En vérité, continua le financier, le

nom de Lavernie me porte bonheur ! Comprend-on quelque chose à la destinée ? Quand on pense que c'est chez M. de Lavernie, ou plutôt chez madame sa mère, qu'en m'en allant avec ma commission en Flandre, j'ai retrouvé, par hasard, mon parrain, — un parrain — un parrain que je n'ai pas vu six fois dans ma vie — voilà une chance ! Quand on pense que c'est auprès du château de Lavernie que j'ai rencontré Violette qui venait d'apprendre la maladie de son père, et qui s'est décidée à m'épouser ;— quand on pense que c'est dans la chapelle même du château de Lavernie que j'ai été marié avec Violette ; quand on pense enfin que tout-à-l'heure, sans M. le comte, j'étais mort! Oui, M. de Lavernie eût tardé d'une demi-minute, c'est peu de chose pourtant, eh bien! parrain, une demi-minute plus tard, ma petite femme était veuve!... et quelle veuve!... Décidément, M. de Lavernie est cause de tout le bonheur qui m'arrive!

Belair tourna ses yeux vers Gérard avec une expression indicible de regret et de délicat reproche; puis ses yeux si beaux se fermèrent, et le jeune homme se laissa tomber foudroyé dans les bras de son ami.

Tandis que chacun, ainsi occupé s'absorbait dans les impressions présentes, la tête décomposée de La Goberge avait paru au seuil de la porte. Son œil unique, dilaté par la surprise et l'épouvante, dévorait Belair qui ne le voyait pas. Le squelette assuré de n'avoir été ni vu, ni reconnu, comprima un élan de joie féroce et s'effaça comme une ombre dans le vestibule.

Gérard à force d'encouragements et de bonnes promesses, ranima Belair. Jaspin cessa d'embrasser son filleul Desbuttes, qui venait d'user tout son fonds de tendresse, et qui recouvra tout juste l'usage de ses yeux au moment où Violette achevait de perdre contenance, et cherchait un appui que le vieux général allait lui offrir.

—On avait parlé de souper, ce me semble, dit Jaspin de sa petite voix.

— Oh !... s'écria Desbuttes en bondissant, souper !... Comme vous dites cela tranquillement, mon parrain. Souper !... on n'a fait que cela toute la journée ici ; dix mille hommes ont déjeûné, dîné, goûté et soupé dans ma maison, mon cher parrain... Souper !...

L'irritation de Desbuttes fit éclater de rire le général et Gérard lui-même.

— Je n'ai pas seulement une croûte de pain dur, pas seulement une larme de vinaigre à offrir pour repas de noce à cette chère petite femme pour laquelle un festin royal fumait tantôt, apprêté par cent cuisiniers ! Se coucher sans souper, un jour comme celui-ci ! dans un château comme le mien ! Mourir de faim auprès d'un demi-million !...

— Il vous reste mieux que le souper, dit gaillardement Rubantel en lorgnant Violette d'un œil provocateur, sans se douter, l'excellent homme, qu'il enfonçait un nouveau poignard dans le cœur de Belair.

— C'est vrai ! s'écria Desbuttes avec triomphe, il me reste l'épousée !...

Et il s'avança les bras ouverts, la bouche en cœur vers Violette qui se détourna pudiquement en le repoussant.

—Eh bien ! dit Rubantel, puisque vous n'avez rien à m'offrir pour souper, il me faudra donc souper à Valenciennes avec tous ces princes, légitimes ou non. J'irai. D'ailleurs, il faut que je me donne la satisfaction de faire brancher un ou deux de mes pionniers pour leurs excès et insolences.

— Un Berrichon, s'écria Desbuttes, un

petit roux que j'ai distingué, parce qu'il me serrait le col plus particulièrement que les autres.

—Fort bien, on trouvera cela; et vous, madame, avez-vous aussi quelqu'un à me recommander parmi ceux qui vous serraient, cherchez bien ? ajouta le joyeux général, destiné ce soir à faire rougir ou pâlir alternativement la jeune femme.

Violette rougit, en effet, mais garda le silence.

—Adieu donc, ajouta Rubantel, adieu, couple trop heureux.

Gérard l'interrompit pour lui dire que

jamais il ne le laisserait partir aussi peu accompagné. Jaspin se récria sur la proposition de Gérard; le général, dit-il, a toute une armée pour le défendre, vous au contraire, M. de Lavernie, vous risquez tout à être rencontré.

Gérard imposa silence à l'abbé avec un geste affectueux.

— C'est une promenade de deux heures, répondit-il.

Desbuttes s'empressa de faire ouvrir les portes à son sauveur. Jaspin vint caresser le général de la voix et du regard, pour lui recommander de renvoyer Gérard au plus vite. Et pendant ce temps Gérard trouvant Violette toute seule, lui dit à voix basse :

— Est-il possible, madame, que vous ayez été assez cruelle pour oublier ainsi et sacrifier le plus charmant des hommes !

— Monsieur..., balbutia Violette interdite.

— Vous avez perdu ce pauvre Belair, ajouta Gérard ; puissent les richesses de M. Desbuttes vous dédommager d'un si fidèle amant !

— Fidèle ! s'écria Violette les larmes

aux yeux, avec une véhémence qui découvrait tout son cœur; un volage qui s'est enfui depuis trois mois sans me donner un souvenir.

—Ah ! madame, il fuyait M. de Louvois et la Bastille.

Violette joignit les mains avec transport et répondit :

— Que n'écrivait-il alors ? j'attendais...

— Vingt fois il a écrit; ses lettres ont été interceptées, et pendant qu'il vous accusait, lui aussi, de l'oublier, vous avez justifié son accusation !

— Monsieur, je voulais sauver mon père, un vieillard pauvre et abandonné !

— Votre père vivra, soit ; mais vous aurez tué Belair. Regardez-le, est-ce un vivant ou une ombre ?

Violette appuya ses deux mains sur son cœur qui se brisait.

— Hélas ! dit-elle, j'ai donc tout perdu, car mon pauvre père est mort il y a huit jours.

Gérard fit un mouvement pour saisir la froide main de Violette, Desbulles arriva près d'eux en sautillant.

— Le général vous attend, monsieur l'officier, dit-il.

— J'ai eu l'honneur de vous déclarer, s'écria Gérard avec impatience, que je ne suis pas plus officier que vous ne l'êtes vous-même. Mon général, je suis à vos ordres.

Desbuttes, ainsi secoué, s'alla réconforter auprès de Jaspin. Gérard prit congé de Violette, en lui disant tout bas :

— Voyons, madame, pitié pour ce pauvre cœur ! fermez la blessure que vous avez faite !

— Soyez tranquille, répondit du même ton l'aimable femme.

Alors les deux cavaliers s'éloignèrent, escortés jusqu'au-delà du pont par Jaspin, Desbuttes et Violette ; Belair resta seul, atterré, honteux, dans son coin. Il lui tardait de partir aussi. Il s'en voulait de rester près d'une infidèle, et pourtant il ne se sentait point la force de faire un pas hors du rayon de ses yeux.

Desbuttes rentra en se frottant les mains; Violette marchait lentement, la tête basse; Jaspin que le général avait bien rassuré sur le compte de Gérard, s'écria de l'air le plus joyeux du monde :

— Vous n'avez rien pour souper, eh bien ! c'est moi qui fournirai le repas.

Et il ouvrit sa valise, restée dans le vestibule, en tira la fameuse bouteille au gros ventre et les reliefs du pâté, qu'il étala sur une table, au milieu du salon.

— Oh ! joie !... s'écria Desbuttes.

— Ah ! ah ! dit le bonhomme Jaspin. A table, mon filleul ; à table, madame ! à table, Belair !

— Je n'ai pas faim, dit Violette.

— Ni moi, soupira Belair.

— En effet, Violette est toute pâle et monsieur paraît malade, dit le financier, heureux de voir ainsi se tripler sa part ; croyez-moi, mon parrain, soupons tous deux, tandis qu'il n'y a personne.

— Est-ce que vous attendez quelqu'un ?

Desbuttes chercha inquiet autour de lui.

— J'ai ici un ami blessé, répliqua-t-il, mais il doit être dans son lit ; il dort : et d'ailleurs le pâté est bien lourd pour un convalescent.

— Diète, diète ! dit Jaspin.

Et les deux convives attaquèrent les vivres. L'abbé mit tout d'abord une belle tranche de côté.

— La part de Gérard, dit-il.

—Vous croyez? fit observer Desbuttes, que cet officier, non, ce gentilhomme, ne dînera point aussi avec les princes?

— Il mériterait de dîner avec des rois, répliqua Jaspin, la bouche pleine ; voyons, Belair, mon ami, essayez donc de manger, égayez-vous !

— Monsieur a des chagrins? demanda lourdement Desbuttes.

—Oui, monsieur, répliqua Belair en lui tournant le dos.

— Eh bien, quand on a du chagrin, il faut manger et boire; je ne dis pas aujourd'hui, puisque les buffets sont à sec. Mais il faut se coucher, comme je le vais faire tout à l'heure. Mignonne, j'ai donné ordre à notre coucher, ajouta le butor, et à celui de tous nos hôtes. M. l'abbé, mon parrain, aura la chambre chinoise. M. Belair et son ami, s'il revient, auront la chambre aux tapisseries, et nous, mignonne, la chambre à images qui donne sur la terrasse, au-dessus des entresols, et qui est la plus belle de la maison, bien qu'il y ait au-dessous certaine chambre d'honneur... mais je n'en puis disposer aujourd'hui.

J'ai trente chambres ici, messieurs, et

les troupes de S. M., si elles m'ont pris mon dîner, m'ont laissé mes lits. Décidément, je vois que nous tombons tous de sommeil, ajouta Desbuttes avec un rire anacréontique. Mes hôtes, je m'en vais vous conduire à vos chambres, puis, madame Desbuttes, je suis tout à vous.

— Mais non, mais non! s'écria Jaspin, qui commençait à s'alarmer de la pâleur de Violette et des frissons de Belair, menez d'abord madame chez elle, vous penserez à nous ensuite.

— Ce sera comme vous voudrez, messieurs; cependant, l'hospitalité exige que je commence par vous, et j'insiste. Venez, mon parrain, à la chambre chinoise.

Jaspin se mit en marche.

— Non, se dit Belair, je ne coucherai pas sous le toit de ce rustre.

— Monsieur, dit-il vivement à Desbuttes qui lui indiquait le chemin de l'escalier, je demeurerai en bas, s'il vous plaît. J'attendrai M. de Lavernie.

— Vous pouvez l'attendre dans une bonne chambre.

— Je préfère rester dehors au grand air.

— Comme il vous plaira. Sénéchal, veillez à ce que monsieur ne manque de rien ! cria Desbuttes aussi majestueusement que s'il eût eu autre chose que de l'eau pure à offrir pour régaler ses hôtes.

Cependant Jaspin s'était approché de Belair pour l'interroger tout bas.

— Je n'ai rien, répliqua Belair avec un sourire ; rien absolument que le désir de voir Gérard.

— Cela me rassure, dit Jaspin très-inquiet en jetant un regard furtif sur les deux amants, deux statues éloquentes ; et il monta chez lui précédé du sénéchal.

Desbuttes offrit sa main à Violette.

Celle-ci, froide et morne, gravit lentement les premiers degrés, toujours tournée vers Belair, toujours sollicitant un regard qu'il lui refusa obstinément.

Peu à peu elle disparut ; la lumière s'effaça dans l'escalier, une porte se ferma au premier étage. Le malheureux jeune homme se trouva seul avec les ténèbres, le silence et son désespoir.

VI

DES BONS EFFETS D'UNE MAUVAISE CHANSON.

On perd une maîtresse, on voit s'éteindre des yeux adorés, on sent le froid de la mort qui envahit ce corps où brûlait l'amour. La chair divisée devient argile;

le fossoyeur la prend, la cache, et Dieu fait fleurir sur la fosse fermée un cyprès, dans le cœur déchiré un souvenir. Puis une douce pensée pénètre peu à peu la plaie, comme un baume. On aime à se dire que l'amie perdue est devenue un ange. Pure, elle a quitté la terre ; ses yeux avant de se fermer n'avaient lu l'amour que dans vos yeux, ses lèvres en s'ouvrant pour exhaler le dernier souffle ont rendu à Dieu, sans mélange et sans souillure, votre premier baiser. Il viendra une heure où l'amant sourira en répandant ses larmes, larmes sans fiel, noble sang d'une noble blessure.

Mais l'amante qu'on perd vivante ! celle

dont le cœur s'en va, dont le corps demeure pour rappeler toujours au malheureux qu'elle a trahi, une honte et un supplice ! La femme qu'on aimera encore et qu'on n'estimera plus ! Celle qu'on croira toujours voir, comme la vit Belair, au bras d'un rival, souriante, féroce, vile, s'élevant en pleine lumière sur cet escalier comme pour dominer votre humiliation et insulter à votre misère ! — Oh ! cette femme est l'ange du châtiment, l'ange méchant, implacable, bien plus terrible que l'ange de la mort. Celui-là du moins donne le repos après l'angoisse; après la torture, il donne l'oubli.

Ce pauvre Belair n'était pas rimeur

comme M. de Catinat; mais il fit en son cœur de bien amère poésie pendant cette effroyable minute; il sentit bien du fiel jaillir pour la première fois de son âme si douce: l'idole de sa vie était renversée, la lumière de ses pensées venait de s'éteindre; il ne voyait plus rien dans l'avenir à travers le voile humide de ses larmes.

Éperdu de douleur et de dégoût, il emporta sa guitare et s'élança hors de la maison comme si elle eût dû crouler sur sa tête; il courut quelques pas le long de la terrasse du bord de l'eau, puis, à bout de forces, à bout de courage, il s'arrêta, les yeux tournés sur cette affreuse maison, les mains inquiètes, glacées, tendues par moments vers le ciel, sombre et silencieux conseiller que les malheureux regardent tant qu'ils n'ont pas tout-à-fait désespéré ; car alors l'œil s'abaisse et plonge vers la terre.

Belair vit de la clarté s'épandre sur les vitres d'une fenêtre au premier étage, la seule éclairée de toute la façade. Derrière les rideaux légers il distingua deux ombres ; son cœur battit à rompre sa poitrine : c'était bien la chambre aux images, celle de Violette et de son mari.

Belair, mordu par ce serpent cruel, la

jalousie, faillit se percer de son épée.
Mais un jaloux ne se tue qu'après avoir
épuisé toutes les souffrances. La jalousie
est une soif inextinguible. Belair n'avait
point encore assez bu de ce poison.

— Quand j'aurai assez contemplé le
jeu de ces deux ombres, se dit-il, quand
je les aurai vues voltiger près l'une de
l'autre, quand la lumière qui m'insulte
là, se sera éteinte dans cette chambre
comme elle a disparu tout-à-l'heure sur
l'escalier, eh bien alors, je me percerai
le cœur et me jetterai dans la rivière. Ou
bien, non, je resterai mort sur ce banc
placé au-dessous de son balcon, afin que
demain, à l'aube, en ouvrant sa fenêtre

pour respirer, Violette me voit et commence mal sa journée.

La lumière ne s'éteignit pas Les ombres, au lieu de voltiger et se rapprocher comme le jaloux s'y attendait et l'espérait, — les jaloux espèrent toujours une douleur, — les ombres, après quelques gesticulations cérémonieuses, demeurèrent gravement immobles à distance l'une de l'autre comme s elles s'ennuyaient.

Belair fut forcé de ne se point percer encore : il ne voyait plus rien que cette monotone et taquinante lumière : plus un mouvement, plus un bruit. Cependant, l'ombre d'un bras dessinait parfois sur le plafond un geste interrogateur et véhément auquel répondait l'ombre d'une dénégation solennelle.

— Que se passe-t-il là-haut, pensa Belair de plus en plus intrigué; on dirait des gens qui se querellent.

Comme il eût payé cher une échelle! mais rien pour gravir le long de ce mur. Au-dessous de la fenêtre de Violette, à l'entresol, il y avait bien une autre fenêtre, celle de la chambre d'honneur donnée à La Goberge, mais elle était fermée d'un volet parfaitement lisse qui rasait la muraille et n'offrait par conséquent aucun point d'appui. En montant sur son banc, Belair atteignait tout au plus au rebord de cette fenêtre de l'enresol, et rien pour s'accrocher de la main, pas une saillie pour le pied.

Belair crut voir d'ailleurs comme un rayon lumineux scintiller par la fente de ces volets. La chambre étai donc habitée ? Le jeune homme essaya de distinguer si l'habitant était Jaspin; mais quand il voulut saisir avec sa main la large pierre qui servait de balcon à cette fenêtre, elle vacilla tellement, elle parut si chancelante à Belair qu'il trembla de faire choir sur lui ce poids colossal, et de se tuer en épouvantant toute la maison.

— Quel dommage que j'ignore si c'est l'abbé qu'on a logé là, se dit Belair ; j'aurais frappé doucement au volet, l'abbé m'aurait ouvert, j'aurais grimpé sur le rebord vacillant que l'abbé aurait maintenu en équilibre ; du rebord, je fusse monté sur les saillies intérieures du volet ; de ce volet au balcon de Violette, il y a la longueur de mon bras, et là !... j'eusse vu l'indigne, j'eusse fait irruption l'épée à la main, chez ce maltotier, chez ce croquant, chez ce voleur breveté du roi qui m'a volé ma femme ! Mais si je frappe au volet, et que ce ne soit pas Jaspin qui me réponde, quel contre-temps et que dire !

On le voit, Belair calculait ; il pensait à l'équilibre d'une pierre de taille, aux convenances ; il voulait ménager le bruit et ménager sa peau. Quelle distance un pareil calcul ne jette-t-il pas entre la pointe d'une épée et la poitrine d'un honnête homme !

Il est d'ailleurs avéré que la colère diminue en changeant d'objet, et nous voyons que celle du jeune homme venait de ricocher sur Desbuttes après avoir fermenté pour un suicide. Désormais, plus de craintes : Belair ne s'est pas tué, il ne se tuera plus ; d'ailleurs, il est trop curieux pour mourir avant de savoir tout ce qui lui reste à apprendre touchant l'infidélité de sa maîtresse.

Suivez la décroissance de ce mal : un désespoir morne et muet, le plus terrible de tous : puis la prostration ; on s'en relève quelquefois pour commettre un excès — la prostration est dangereuse ; — ensuite les larmes : des larmes amollissent bien la rage !

Après l'explosion des larmes, un dépit qui conseille la mort, c'est vrai, mais uniquement pour causer quelque désagrément à l'infidèle. Enfin, cette idée de vexer Violette et Desbuttes, poussée à l'extrême, et aboutissant à une impossibilité, est la limite qui satisfait toujours un amoureux ou un fou.

Belair n'usera plus, à compter de ce moment, que des moyens raisonnables; le désespoir une fois redevenu mélancolie, ce malheureux souffrira, mais n'aura plus la force de faire souffrir personne.

Pour s'asseoir au-dessous de la fenêtre de Violette, sur son banc, la tête inclinée, il range d'une main son épée, qui le gêne ; son autre main rencontre le manche de sa guitare, douce compagne, résignée, fidèle, quoiqu'elle ait aussi ses caprices dans les jours humides.

Au contact de l'instrument qui, tant de fois, l'avait consolé des amours, et tant de fois avait ramené les amours à lui, Belair sentit bien qu'il avait trouvé son arme véritable, celle qui, dans ses mains, touchait droit au cœur des plus amoureuses comme des plus cruelles.

Il jeta tout à fait l'épée, qui l'empêchait de se placer à l'aise et d'appliquer ses doigts fins sur les cordes.

Ce que Belair ne pouvait voir, ce qu'il

croyait deviner, — comme si, même en face d'elles, même sous leur regard, les hommes devinaient jamais le cœur des femmes, — ce qui se passait dans cette chambre à images, choisie par le mythologique Desbuttes pour le temple du Dieu de l'hyménée, nous sommes bien forcés, nous qui savons tout, de le dire au lecteur.

La porte s'était refermée. Desbuttes avait congédié laquais et soubrette par l'escalier dérobé. Il lorgnait d'un œil fripon une magnifique robe de chambre en satin brodé d'argent, jetée toute bouffante sur un fauteuil, et que devait accompagner un superbe bonnet de nuit d'une hauteur majestueuse, chamarré de rubans et de dessins parfaitement accommodés aux feuillages de la robe de chambre.

Mais Desbuttes, en gagnant des millions, et en s'avançant dans le monde, tenait à être un homme à belles manières. Il demanda gracieusement à Violette la permission d'endosser sa robe de chambre ; on lui avait dit sans doute, que les choses se passaient ainsi entre ducs et comtesses, entre fleurs des pois.

Violette, rêveuse, était restée debout, sans proférer une parole, un coude sur la cheminée, les mains inertes, l'œil perdu dans je ne sais quelle vague contemplation. L'on eût dit qu'elle écoutait, qu'elle voyait tout autre chose que Desbuttes, son riche bonnet de nuit, et sa splendide robe à ramages d'argent, et, cependant, c'était de ce côté qu'elle regardait.

Desbuttes ayant fait sa question, à laquelle il ne fut rien répondu, il suivit de l'œil la direction des cils soyeux de sa femme, et souriant câlinement :

— Je vous demandais, réitéra-t-il, si vous ne voulez point me voir endosser ma belle robe de chambre? Vous l'admirez, n'est-ce pas? Vous plaît-elle? Je vous la donnerai volontiers.

Violette releva la tête, regarda Desbuttes avec l'indéfinissable surprise d'une dormeuse qu'on fût venu réveiller au milieu d'un songe féerique.

— Plaît-il? demanda-t-elle assez incivilement.

Le financier répéta pour la troisième fois son aimable proposition, enrichie cette fois d'un baiser sur le plus charmant poignet du monde.

Violette tressaillit, se redressa, et, d'un

ton qui n'était plus seulement incivil, mais brutal :

— Vous ne voyez donc pas, Monsieur, dit-elle, de quelle couleur je m'habille maintenant?

Desbuttes recula : Violette était vêtue de noir.

— On dirait du deuil, s'écria-t-il.

— Voilà seulement que vous vous en apercevez, continua la jeune femme, depuis tantôt cinq heures que je suis ici.

— J'ai vu, balbutia Desbuttes, tant d'habits rouges dans cette journée, les gendarmes, les chevau-légers, que cela m'a brouillé les yeux ; le rouge éblouit : c'est comme si l'on avait regardé en face le soleil. Quoi! ma femme, vous êtes en deuil! Votre père est donc mort, le cher homme ?

A ces mots, prononcés avec tant de délicatesse et de sensibilité, la jeune femme sentit des larmes monter à ses paupières. Plus de père, et un mari pareil!

— Ne pleurez pas, mignonne, continua Desbuttes ; le pauvre papa Gilbert est bien heureux à présent. Aveugle, infirme, inutile, il souffrait trop... Dieu a bien fait de le retirer à lui.

Violette cacha son visage dans ses mains. Elle pleurait tout à fait.

— Par grâce, Violette, dit le financier, remettez-vous : n'attristez pas cette soirée ; moi qui ai tant compté sur vous pour m'égayer.

Et il ajouta cent stupides consolations sur la nécessité de la mort, sur le repos de l'autre vie, comparée à une vie de privations. Il conclut par ces belles paroles :

— D'ailleurs, le père Gilbert n'était pas né pour être heureux.

— Qu'en savez-vous? lui demanda Violette en redressant la tête.

— Mais, bégaya Desbuttes, il n'était guère riche.

— Il l'était, puisque vous l'êtes.

Desbuttes ricanant :

— Oh ! dit-il... pauvre cher homme... je crois bien qu'il n'aurait pas eu besoin d'une bourse aussi grande que la nôtre ; ces vieux soldats vivent de peu, et quand on est aveugle, on ne distingue plus l'or du cuivre !

Violette regarda son mari avec une froide cruauté. Desbuttes craignit de l'avoir irritée.

—Mignonne, dit-il, vous ne croyez pas que j'eusse rien refusé au cher homme, s'il avait vécu.

— Je l'espère bien, repartit Violette.

— Mais enfin, puisque nous l'avons perdu, il faut nous consoler ; je vous saurai distraire par mille attentions adroites ; je donnerai des fêtes comme celle d'aujourd'hui... assurément on pourrait dire qu'elle n'a guère réussi ; mais il y avait obstacle, et une autre fois, en temps utile, je mettrai tous mes soins à vous plaire.

Violette regarda encore une fois ce pauvre homme, qui sortait tant de banalités de son coffre-fort.

— Déjà, poursuivit Desbuttes, nous

avons été traversés dans notre bonheur ; cette commission de M. de Louvois, qui m'a éloigné de vous à la minute, à la seconde après notre mariage; cette maladie de votre père, qui vous a empêchée si long-temps de me venir joindre en mes bureaux; mes absences d'ailleurs, et le mystère dont monseigneur m'ordonnait d'envelopper toutes mes opérations, mystère qu'il n'eût pas été possible de garder avec une beauté brillante comme la vôtre... que de souffrances pour moi, pour l'époux le plus passionné... pour celui à qui si long-temps vous avez été cruelle!...

Il s'approcha souriant. Violette, comme

par distraction, roula un fauteuil entre eux deux :

— Mais enfin, dit le financier, nous voilà réunis; tout nous a réussi depuis notre mariage; tout.

— La mort de mon père, n'est-ce pas? Vous nommez cela une réussite! s'écria Violette avec une impatience trop longtemps contenue, pour que l'explosion n'en fut pas bruyante.

Desbuttes se récria.

— Je ne parlais que de mes spéculations, dit-il; je ne pense qu'à cela, mignonne.

— C'est cela seulement que j'oublie, répliqua Violette, à qui revenait, avec toute l'amertume d'une souffrance inutile, le sacrifice qu'elle avait fait d'un tendre amour pour un rigoureux devoir.

Combien les femmes les plus généreuses ne se font-elles point payer de pareils sacrifices! Jamais un mari, fût-il plus millionnaire que Desbuttes, n'est assez riche pour acquitter ces dettes là!

— Enfin, reprit mielleusement le maltôtier, ce n'est point un mal que la fortune !

— Mieux vaut l'amour, lança Violette avec un geste saccadé.

— Plaît-il?... dit Desbuttes inquiet.

— L'amour filial.

— Sons doute... mais quand on n'a plus à aimer que son mari, mignonne, c'est encore du bonheur : voilà notre bonheur à nous, prenons-le, pendant que nous sommes jeunes.

Le financier rangea le fauteuil, se mit à genoux devant sa femme, et, donnant à son regard tout ce qu'il put trouver de provocations assassines :

— Mignonne, dit-il, oublions le mal et ne songeons qu'au présent. Les chagrins passeront : amassons des pistoles et de l'amour.

Il chercha des lèvres un pied alarmé qui se reculait devant lui ; faute de ce gracieux point d'appui, Desbuttes perdit l'équilibre et caressa le parquet de sa bouche, dans la grotesque attitude des seigneurs que Gulliver a vus lécher la poussière devant le trône de leur monarque.

Malheureusement Violette n'était pas en train de rire, sans quoi elle y eût trouvé une ample matière, car le financier s'exécutait de bon cœur; décidé à ne se fâcher de rien, il provoquait lui-même l'hilarité de sa compagne. Cette situation, en se prolongeant, eût amené la familiarité ou une querelle décisive. La familiarité ne paraissait pas devoir plaire à Violette, dont les lèvres pincées ne s'étaient pas encore détendues pour un sourire. La querelle eût été plus de son goût; mais comment se quereller avec Desbuttes, avec un homme prosterné, qui ne demande qu'à s'humilier plus bas encore?

Ce qui se passait dans l'âme de la jeune

femme, essaierons-nous de le décrire? Dirons-nous ce vague malaise, cette incertitude douloureuse, toute prête à se changer en un dégoût qui lutte, toute prête à finir par la capitulation de la lassitude? En face de son mari, seule, aux prises avec ce nouveau devoir, plus terrible que jamais, parce qu'il n'était plus seulement une idée, Violette ne trouvait rien à répondre à Desbuttes. Elle eût voulu l'accabler de reproches, qu'avait-il fait? Elle eût voulu lui rendre son sourire, il lui répugnait. Pareille à ces gens qui ont joué sur parole une somme considérable, et n'ont pas assez réfléchi, parce qu'ils espéraient trop gagner, la jeune femme, qui avait perdu cette rude partie du mariage, s'épouvantait au moment de monnoyer l'enjeu.

Les mauvais joueurs alors s'accrochent aux prétextes; c'était peut-être un prétexte que Violette cherchait ainsi depuis un quart d'heure, afin de ne point payer.

Cependant, Desbuttes, qui avait gagné, lui, ne trouvait pas l'enjeu au-dessus de son mérite ou de son droit; il était sûr de son bien ; seulement, affriandé par la délicatesse de la proie, il faisait le gracieux pour l'obtenir. Une journée de combat décide souvent du sort d'un empire; souvent le sort d'une femme se décide par une minute d'irrésolution.

Dans le silence de cette nuit, Violette croyait reconnaître le muet désistement de Belair ; elle l'accusait de l'abandonner. Que faisait-il ? Etait-il parti ? Dormait-il dans sa chambre ? Ce n'était plus lui qu'elle plaignait, puisqu'il était encore libre et qu'elle allait cesser de l'être.

Desbuttes redoubla de gentillesses et de génuflexions ; le dieu du mariage lui soufflait toutes ses audaces. Violette poussa un soupir de désespoir.

Soudain, sous la fenêtre, une guitare préluda par quelques mesures énergiques, et emplit l'air d'une harmonie vibrante. Puis une voix mélodieuse chanta, du ton véhément de l'indignation, cette chanson du temps :

>Ah ! c'est verser trop d'inutiles larmes ;
>Perfide, enfin, je trouve ailleurs des charmes ;
>   Un cœur fidèle
>   Languit pour mes yeux ;
>   Mais, ô Dieux !
>   Ingrate, perdons-en tous deux
>   La mémoire cruelle ;
>Penser à ton amour, jamais ! Mourir vaut mieux !

Nous ne prétendrons pas que la chanson fût bonne, mais, telle qu'elle était, et soutenue par la musique de Belair, interprétée avec ce talent entraînant, elle produisit deux effets immenses.

D'abord, Violette sortit de son rêve et ne se trouva plus abandonnée. Desbuttes ne se sentit plus assez seul avec sa femme. Réveillé aussi, il se vit à plat ventre, dans une situation ridicule, et se releva en disant :

—Voilà un monsieur qui joue très-bien de la guitare.

—Vous trouvez? murmura Violette ravie, et qui sentait l'existence circuler de nouveau en tout son être.

—Et je trouve aussi, continua Desbuttes, que c'est bien aimable à lui de nous donner une sérénade sous notre balcon pour célébrer mes noces.

Violette frissonna.

— L'attention est délicate ; je lui en ferai, nous lui en ferons nos remercîments demain, n'est-ce pas ? Mais il se fait tard, ma Violette.

— Pardon, dit brusquement la jeune femme ; ne m'appelez point Violette, je vous prie.

— Pourquoi ? c'est votre nom.

— C'est le nom que me donnait mon

père; je ne veux point qu'il me soit adressé désormais; cela me rappellerait une douleur.

— Encore le père, pensa Desbuttes; mon Dieu, que voilà donc un père maladroit, d'être mort en ce moment.

Il sera fait selon vos désirs, dit-il tout haut. Je ne vous appellerai pas Violette; j'ai un nom tout fait pour vous; vous serez mignonne, ou ma biche, à votre choix.

— Fi! fi! s'écria Violette; le premier est stupide, le second est ignoble!

— Nous en trouverons d'autres, nous trouverons des noms de fée, des noms d'ange. Il faut qu'en nous voyant côte à côte dans notre carrosse, que j'ai commandé tout doré, le public se dise : les amours sont peints, il est vrai, sur les panneaux, mais ils habitent aussi quelquefois dans le carrosse.

Et Desbuttes en revint à ses agaceries.

La guitare sonna mélancoliquement : la voix pleine de douleur chanta cette autre chanson :

> Qui n'a qu'une flamme commune
> L'éteint bientôt pour suivre la fortune ;
> L'Amour est exilé, s'il n'a son carquois d'or ;
> S'il eût été Plutus, on l'aimerait encor.

Violette se leva précipitamment, les yeux attendris.

Desbuttes étendit ses bras pour la saisir au passage, car il la trouvait ce qu'elle était en ce moment, radieusement belle.

Mais Violette, avec un geste de reine, lui montra un fauteuil, s'assit elle-même et lui dit :

— Monsieur, causons, je vous prie; il en est temps enfin !

LA NUIT DES NOCES DE DESBUTTES.

Desbuttes, surpris, se hâta cependant d'obéir; l'air étrange de sa femme glaçait en lui toute mythologie.

—Causer, dit-il timidement, est-ce bien l'heure ?

Son sourire devint si forcé, que Violette le prit pour une grimace.

— Monsieur, il est l'heure de reposer, répondit-elle en lui empruntant l'exorde dont elle avait besoin. La journée d'aujourd'hui a dû vous causer de grandes fatigues; l'émotion épuise, je le sais, moi, qui depuis deux mois n'ai vécu que d'émotions ; et depuis deux jours, depuis l'affreux malheur qui m'a frappée...

— Père importun !... se dit Desbuttes.

— J'ai donc besoin de repos, continua Violette ; vous aussi.

—Mais... répliqua le mari, avec un regard significatif adressé au trône conjugal, il me semble que cette chambre...

— C'est ma chambre, dit Violette avec fermeté.

— C'est un peu la mienne, répondit Desbuttes aigre-doux.

— Ce sera tout à fait la vôtre si vous voulez, ajouta la jeune femme, sans manifester la moindre colère. Vous plaît-elle mieux? restez-y; ne vous gênez pas, je prendrai la première venue parmi les trente qui vous restent.

— Oh !... s'écria Desbuttes bouleversé.

— Faites votre choix.

— En vérité, voilà une tyrannie ! dit l'époux, se dépouillant insensiblement du manteau de la courtoisie ; ce n'est point ma faute si vous avez perdu votre père, ne m'en punissez pas.

— Il me semble que je suis la plus punie, riposta Violette.

— Enfin, voilà trois mois que vous m'avez épousé, dit Desbuttes.

— C'est vrai, soupira Violette.

— Vous saviez ce que vous faisiez.

— Je savais que je sauvais mon père.

— Ainsi, vous me dites en face que vous ne m'avez épousé que pour sauver votre père ? voilà qui est gracieux.

—Je ne vous l'eusse pas dit; pourquoi m'y avez-vous forcée ?

—Vous m'avez épousé pour mon bien.

— Uniquement.

— Ah ! çà, mais c'est outrageant !

— Ce n'est que vrai.

— Vous devriez rougir de ce que vous dites.

— Je m'en honore : c'est une belle action que j'ai faite.

— Vous fussiez restée fille, si votre père n'eût pas vécu!

— Restée libre; oh! oui.

— Intéressée... à ce point, une si jolie femme!

—Je suis si peu intéressée, que je vais vous faire une proposition.

— Voyons, quelque chose de monstrueux, je parie.

—Quelque chose de simple ; nous sommes très-peu mariés, n'est-ce pas?

— Trop peu !

— Eh ! bien, démarions-nous tout à fait. Vous y perdrez une femme maussade, intéressée, vous y gagnerez trente mille livres que je vous coûterai par an.

Desbuttes ouvrit des yeux effarés, et se leva :

— Vous me coûterez trente mille livres !... vous ! qui n'en dépensiez pas douze cents.

— Je dis trente mille, parce que vous

commencez votre fortune; ce serait cent mille dans six mois! Je ne me farde point, vous le voyez!

— Trente mille, soit; cent mille, s'il le faut, dit Desbuttes, piqué, un million si vous le voulez; mais aimez-moi.

— Cela ne dépend pas de nous; avec vos millions, vous n'achèterez jamais pareille marchandise, et je ne puis vendre ce que je n'ai pas.

— Oh! mais vous passez les bornes, s'écria Desbuttes, en s'asseyant sur son magnifique bonnet, qu'il écrasa; je suis votre mari; vous êtes à moi.

—D'accord, répondit Violette ; eh bien, si je suis à vous, que me demandez-vous encore ?

Desbuttes exaspéré :

— J'ai le droit d'être aimé, dit-il.

— Prenez garde de vous faire exécrer.

— Qu'est-ce que je risque ?

Violette regarda l'imprudent avec un sourire qui fit frissonner ; mais il était colère, hargneux, quand son amour-propre ou sa fantaisie était en jeu.

— Vous me tourmenterez, dit-il, moi, je vous martyriserai

— Bon !... j'accepte, répliqua Violette.

— Je vous enfermerai.

— Bah ! et les fenêtres !

— J'appellerai les juges...

— Regardez-donc mes yeux...

— Nous aurons une guerre à mort.

— Vous négligerez vos affaires, vous vous ruinerez, et moi, qui n'aurai que la guerre à penser, je vous battrai.

Desbuttes frappant du pied :

— Tope ! dit-il, nous verrons ; et pour commencer, je m'installe ici.

— Pourquoi faire ?

— Pour vous contrarier d'abord.

— Voilà un beau rôle que vous vous apprêtez !... Savoir que vous contrariez une femme par votre présence, et accepter ce personnage !... c'est humiliant.

— Il serait bien plus humiliant, dit l'imbécile, que tous mes gens vous vissent dans une chambre et moi dans l'autre, un jour comme celui-ci !...

— N'est-ce que cela, s'écria Violette, toute fière d'avoir fait capituler l'amour à ce point qu'il se réduisait à l'amour-propre; vous n'y gagnerez rien; demain, je conterai à tout le monde vos façons et ma défense; il y a ici votre parrain, un respectable ecclésiastique; il y a ici des gentilshommes bien élevés, délicats, des gens qui vous ont sauvé de la corde ; ils jugeront.

Desbuttes effrayé :

— Enfin, dit-il, que voulez-vous ?

— Rien, rien, demeurez.

— Mais encore ?

— Brisons, vous dis-je.

— Voyons, exposez-moi ce que vous

désirez, tâchez de me donner des raisons valables; j'y réfléchirai en temps utile; j'apprécierai.

Violette haussa les épaules et ferma les yeux comme si elle tombait de sommeil.

Desbuttes impatient, et résolu à capituler pour peu qu'on lui en donnât le prétexte:

— Parlez, au nom du ciel, madame, s'écria-t-il, que voulez-vous?

— Dormir.

— A la bonne heure! voilà parler, dit

le petit homme en mordant ses lèvres ; expliquez-vous donc ; je ne suis pas un tyran, que diable ! Vous voulez dormir ; quoi de plus naturel ! dormez.... la nuit, dit-on, porte conseil ; demain, j'en suis sûr, votre caprice aura passé ; promettez-moi cela, du moins.

— Monsieur, pas de conditions.

— Non. Violette, non.

— Pas de Violette.

—Soit, mignonne...

— Supprimez mignonne !

— Ah ! s'écria Desbutles, exaspéré d'avoir été si doux ; et, avouons-le, il n'avait peut-être pas tout-à-fait tort.

Mais il eut tort en ceci ; qu'il lâcha les rênes à sa colère, ce que Violette attendait pour justifier la sienne ; il eut tort en ceci : qu'il donna raison à sa femme.

Bouillant de sa grosse tête plate jusqu'à ses épaules torses, il saisit un des flambeaux de la cheminée, campa fièrement sur son bras gauche sa robe de chambre qui balayait le parquet, enfonça le beau bonnet sur son front, et dessina une de ces sorties à queue comme M. Baron les faisait si bien.

— Un homme n'est pas un chien ! bégaya-t-il en ouvrant d'un coup de pied la porte ; un homme est un homme ! souvenez-vous-en, madame.

— Un brutal n'est pas un homme, repartit Violette, heureuse de le voir sous son vilain aspect, elle qui avait tant souffert de ses gentillesses.

—Vous serez aux regrets demain, continua Desbuttes, honteux de son emportement, et alors... nous verrons.

— Alors *vous apprécierez ?* lui dit sa femme avec un air goguenard.

—Je saurai la cause de votre singulière conduite, continua Desbuttes, et je prendrai mes mesures.

— *En temps utile*, riposta Violette.

— Adieu donc, puisque vous cherchez à me pousser à bout; je ne répondrais pas de moi, si je restais. Adieu, madame; nous entamons ensemble un compte qui se paiera plus tard.

— *Vous me présenterez votre note*, répondit l'implacable femme, dont le rire nerveux avait pris des accents presque effrayants.

Desbuttes s'aperçut, malgré sa rage.

qu'il lui serait prudent de battre en retraite. Les yeux de sa femme s'allumaient ; une sorte de fièvre faisait trembler ses membres ; chaque minute de présence ajoutait une année de haine à ce fameux compte dont il avait eu l'imprudence de la menacer.

Mais il ne voulut point partir sans avoir envoyé sa bordée de désespoir à l'ennemi. Il vida la lie du fond de son cœur. Après les injures, il insulta.

— Si jamais, dit-il, vous me dépensez trente mille livres par an, il faudra que vous m'ayez demandé trente mille fois pardon. Une fille sans dot n'a pas le droit d'être insolente. Je vous prendrai par famine, ma mie ; on meurt de faim dans votre famille !

— Cela m'obligera, monsieur, dit Violette. En me voyant mourir de faim chez vous, les gens n'auront plus l'idée de me pendre à vos côtés, comme ils le voulaient faire ce soir, sous prétexte que je vous aide à voler le pain blanc du roi.

Cette riposte éteignit les feux du traitant ; madame Desbuttes venait de toucher les œuvres vivres. Son époux avarié, désemparé, gagna la porte et disparut, moins irrité contre elle qu'épouvanté de ces dangereuses paroles que des oreilles mal intentionnées pouvaient avoir surprises.

On l'entendit fermer le double tour de la porte, courir dans le couloir, avec le gloussement particulier aux volatiles qui s'enfuient effarés et furieux.

Violette, restée maîtresse du champ de bataille, ferma bruyamment les verrous de son côté.

En ce moment, la guitare appropriait ses harmonies à tout ce bouleversement qui, d'en bas, se traduisait à Belair par un jeu animé de lumière et d'ombre. Elle joua ce morceau de Lulli :

> Ombres qui naviguez vers la rive infernale,
> Dites-moi vos ennuis !
> Ou laissez-moi, sur la barque fatale,
> Vous suivre dans l'horreur des éternelles nuits.

Ce morceau était pompeux, bruyant, infini comme les nuits dont il parle. Belair le joua vaillamment à grand orchestre ; son confrère Amphion avait bâti des maisons en jouant de la lyre, il s'agissait de renverser au son de la guitare des murailles que Josué n'eût pas facilement jetées en bas avec ses trompettes.

Le virtuose racla d'une façon tellement

frénétique qu'il renouvela le miracle de Josué.

Comme les miracles trouvent aujourd'hui bon nombre d'incrédules, on nous saura bon gré de donner quelques détails sur celui-là.

Sans doute le lecteur n'aura pas oublié cette apparition de La Goberge à la porte du salon dans lequel s'agitaient tant de passions diverses, lorsque Desbuttes avait présenté sa jeune femme à leurs sauveurs.

A l'aspect imprévu du musicien, le vindicatif La Goberge voyait se réaliser sans délai un rêve de vengeance tant de fois caressé depuis sa blessure ; sa bonne fortune lui amenait donc un ennemi mortel à la recherche duquel il eût sans se plaindre couru d'un pôle à l'autre. Se venger sans courir ! quelle chance !

Quelle chance surtout pour un misérable écloppé, pour un corps sans âme, pour un bras qui ne pouvait et ne voulait plus manier l'épée.

Car il faut bien le dire, ce maître d'armes expert en toutes finesses de lame, tremblait de ne plus savoir son métier, depuis que son écolier le plus ignare l'avait ainsi couché sur le terrain. La Goberge n'était brave naturellement qu'à coup sûr, et depuis que ses estocades lui avaient failli, ce spadassin frissonnait en regardant seulement la poignée de sa rapière.

Cependant, cette épée, c'était son gagne-pain. M. de Louvois n'avait acheté l'homme qu'à cause d'elle. La Goberge ne se faisait pas illusion sur ses talents diplomatiques. Il savait parfaitement qu'en lui faisant espionner le prince d'Orange, Guillaume, roi d'Angleterre, M. de Louvois comptait surtout l'employer à purger la Hollande et l'Angleterre de ces gazetiers réfugiés, de ces mécontents renégats qui déblateraient ou imprimaient à Londres ou à Amsterdam tout ce qu'ils pensaient et ne pensaient pas de Michel Louvois et de Deodatus.

Or, La Goberge avait eu de beaux gages toujours dévorés, il est vrai, par les deux passions dominantes de ce bélître, la cuisine et le jeu. Mais ces gages n'allaient-ils pas être supprimés, depuis que le maître d'escrime s'était laissé désarmer, blesser par un enfant en présence de Louvois, avec l'épée de Louvois ! Le ministre au cœur de bronze dans lequel se gravaient ineffaçablement les injures ou les torts, oublierait-il jamais que par la faute de La Goberge son secret le plus cher courait le monde, colporté de Belair à Lavernie; oublierait-il jamais l'enlèvement d'Antoinette; car La Goberge ignorait ce coup d'autorité, ce crime de Louvois, à l'aide duquel le ministre avait été reprendre mademoiselle de Savières dans le château de Lavernie.

C'était ce tort, irréparable sans doute, qu'il importait à La Goberge d'effacer. L'espion avait beau jeu; le spadassin tenait une revanche. Belair à dix pas de lui, sous le même toit; Belair sans défiance et sans défense, s'offrait en holocauste à la rancune du maître d'armes, aux intérêts blessés du ministre. C'était là qu'il fallait frapper. Mais les moyens!.. Belair vigoureux, fringant, armé, soutenu par la présence de Lavernie, n'était pas une proie facile. La Goberge savait n'avoir pas été aperçu, mais combien durerait son incognito?

Desbuttes n'allait-il pas le trahir innocemment, lui qui ne savait rien ; le sénéchal ne parlerait-il pas soit à Belair, soit à Gérard, soit à Jaspin d'un blessé, d'un La Goberge, leur voisin, dont l'état exigeait des égards? Et à ce nom, que feraient Belair et Gérard ; ne viendraient-ils pas achever chez lui leur ennemi ; ou, plus généreux, ne se contenteraient-ils pas de lui rire au nez et de le fuir, en lui arrachant tout désespoir de vengeance.

Voilà les tristes pensées que ruminait le spadassin dans sa fameuse chambre d'honneur, où la terreur le tenait barricadé. Il avait fermé sa porte avec la barre de fer destinée à cet usage, s'étonnant de trouver tant de force dans un corps diaphane.

— Au cas, se disait-il, où Belair et Gérard viendraient frapper à ma porte, je m'enfuirais par la fenêtre, qui n'est pas fort élevée. Peut-être me briserais-je les os, dans lesquels la moëlle est tarie, mais enfin j'essaierais.

Que si la nuit se passait sans surprises, il attendrait le point du jour, irait arracher Desbuttes à ses félicités conjugales, lui révélerait l'amour de Belair pour Violette, l'ardeur avec laquelle, six mois avant, le musicien étudiait la tierce et la quarte pour anéantir son rival. Desbuttes épouvanté de réchauffer en sa maison ce serpent séducteur ne manquerait pas de remercier La Goberge, de cacher sa présence à Houdarde et de s'associer à lui pour combattre l'ennemi commun ; le combat d'un traitant et d'un bandit contre le virtuose se réduirait à quelque bon coup d'escopette tiré par mégarde en un bois, à la chasse ; la Goberge et Desbuttes dormiraient désormais tranquilles, et M. de Lavernie n'aurait rien à dire, en admettant même que l'escopette n'eût pas contenu deux balles, ce qui eût réuni dans le tombeau Oreste et Pylade et fait un sensible plaisir à M. de Louvois.

Ce bon La Goberge ne manquait pas, dans les occasions, d'une certaine imagination. Tout cela sentait bien un peu le cauchemar, mais enfin il ne faut pas trop exiger d'un homme à jeun depuis si longtemps.

Malheureusement pour ce plan, Belair vint jouer de la guitare sous la fenêtre même par laquelle comptait s'enfuir

La Goberge, en cas d'attaque par la porte.

Il serait difficile de décrire la stupeur qui s'empara du maître d'armes lorsqu'il entendit, à cinq pieds de lui, sous sa fenêtre, le prélude et les roulades de son ennemi.

Le premier sentiment fut une terreur profonde. Ce scélérat, suivant les circonstances, était jaguar ou lièvre. Au lieu de réfléchir que Belair amoureux de Violette, venait exhaler sous le balcon de l'infidèle les soupirs d'un douloureux martyre, La Goberge se figura que les deux amis l'avaient découvert, que l'un s'était placé à la porte, l'autre sous la fenêtre, et que les chants de Belair n'étaient qu'une explosion de joie féroce, comme en ont les cannibales lorsqu'ils tiennent au poteau l'ennemi réservé à leur souper.

Mais La Goberge réfléchit bientôt qu'il n'avait pas encore entendu revenir M. de Lavernie. La terreur en s'effaçant dissipa les brouillards de son cerveau, il se souvint. Belair redevint pour lui l'amoureux au désespoir ; et La Goberge, au bruit des pas de Desbuttes qui retentissaient sur sa tête, acheva de comprendre la situation.

Dès-lors ses idées prirent un autre

cours. Il n'avait plus d'inquiétude pour lui-même. C'était le moment de penser à la vengeance. Ne vaut-il pas mieux tenir que courir !

— Certes, se dit La Goberge, c'est un heureux moyen que ce coup d'escopette égaré à la chasse. Mais l'arme à feu manque souvent son but ; l'arme blanche jamais. Belair est là, sous ma fenêtre ; il fait beaucoup de bruit avec sa maudite guitare ; il n'entendra pas que j'ouvre mon volet, je prendrai à deux mains l'épée de M. de Louvois, je l'enfoncerai comme un pieux perpendiculairement dans le crâne de ce rossignol, et tout sera dit. Les chants auront cessé.

Enchanté de ce plan sublime, La Goberge se hâta d'en assurer l'exécution. La joie d'une prochaine revanche lui rendait son agilité. D'ailleurs, il n'avait qu'une ou deux minutes de forces à dépenser : après avoir tué Belair, il aurait le temps de se reposer.

Le voilà donc qui aiguise sa pointe, et qui, pendant un *fortissimo* du musicien, tire les verrous de son volet et l'entr'ouvre.

Belair était assis sur le banc, tête nue. L'épée ayant trois pieds, les bras de La Goberge en ayant deux : c'était plus qu'il n'en fallait pour que la pointe entrât de six bons pouces : six pouces de lame dans le crâne d'un homme sont sa raison suffisante, dirait Pangloss.

Mais au moment où La Goberge, enivré de joie, se penchait pour bien assururer son coup en prenant ses mesures, il sentit trembler sous lui la pierre énorme qui formait l'appui de la fenêtre. Cette pierre, descellée par le temps et les secousses, manquait d'équilibre ; elle penchait vers l'extérieur à la moindre impulsion.

Impossible, avec ce vacillement, de frapper en toute certitude, impossible même de se pencher au dehors sans risquer d'aller tomber soi-même sur la tête de Belair, ce qui l'eût tué peut-être, mais en tuant La Goberge : sacrifice inutile qu'à tout prix il fallait éviter.

Le maître d'armes s'arrêta consterné. Comment suspendre exactement et faire d'aplomb choir cette épée sur ce Damoclès; retrouverait-on à Houdarde la qualité des crins de cheval de Syracuse ? Evidemment non. Cette belle idée avorterait donc au moment même de l'exécution, et pourquoi ? Parce qu'une pierre était descellée. Oh ! fureur ; ce crâne s'offrait si complaisamment au coup ! Belair sur son banc dodelinait la tête d'une façon si provoquante!

— Maudite pierre d'appui ! ce serait à te précipiter sur ce misérable musicien.

— Eh !... se dit La Goberge avec un ricanement sourd, pourquoi non ? parce qu'un corps est obtus au lieu d'être aigu, parce qu'il écrase au lieu de perforer, faut-il le négliger comme moyen homicide ? — Il pèse, dira-t-on, quinze cents livres au lieu d'en peser une et demie : c'est une difficulté pour un convalescent ; mais nous trouvons encore un expédient dans Syracuse et dans l'antiquité. Laissons Denis le tyran et employons Archimède. Le levier ! le levier soulèverait un monde dans la main d'un enfant.

La Goberge saisit avec triomphe la barre de fer qui lui avait servi à barricader la porte.

— Trois pesées sous cette pierre, dit-il, elle glisse, elle tombe, elle aplatit—Heureux Belair, il ne souffrira pas ! lui qui m'a tant fait souffrir !

Pour faciliter son œuvre infernale, La Goberge acheva d'ouvrir le volet, introduisit la barre sous la pierre, et pesa.

C'était à la fin de la discussion de Violette et de Desbuttes. Le financier avait fait retraite, la jeune femme fermait ses verroux, Belair raclait, assis sur le banc de pierre, et, plus désolé que jamais, le formidable accompagnement de la cantate de Lulli. Il y avait pour La Goberge cette crainte qu'une parcelle de plâtre, détachée du mur en avant-coureur, ne tombât sur la tête du musicien et ne lui annonçât le bloc. Aussi fallait-voir avec quelle prudence l'Archimède assassin soulevait l'énorme masse et la conduisit hors de ses points d'appui.

Les forces de La Goberge étaient revenues, il ne s'appliquait qu'à modérer leur puissance. La pierre, en effet, glissa, perdit l'équilibre et tomba.

Plus de chanson et plus de musique.

On entendit craquer et gémir une guitare brisée; un cri d'homme se mêla au grondement de la masse qui heurtait le banc de pierre. La Goberge, aveuglé par un nuage de poussière, recula ses rares cheveux hérissés d'horreur.

Le vertige de l'épouvante saisit ce misérable ; il eut peur du cadavre qu'on retrouverait, de Gérard qui vengerait Belair; il eut peur de tout. Son cœur claquait dans sa poitrine vide, il ouvrit sa porte, courut haletant, hagard, les mains étendues ; trouva un cheval sous un appentis, l'enfourcha d'un bond, lui qui une heure avant ne pouvait traîner ses jambes, et se cramponnant aux crins de l'animal, l'étouffant de ses talons, ivre du vent qui sifflait à ses oreilles, il s'élança hors du château.

Il avait bien tort. Belair avait été averti par une pluie de grès broyé ; il s'était levé, avait posé sa guitare sur le banc et regardé en l'air. D'un seul coup d'œil il avait vu s'éclairer deux fenêtres à gauche de l'appartement de Violette, il avait reconnu l'ombre de Desbuttes qui s'enfermait seul dans un logis séparé ; sa femme l'avait donc congédié !

Ce fut alors que la pierre tomba. Elle broya la pauvre guitare. Au bruit de cette chute, Violette ouvrit sa fenêtre, qu'elle eût peut-être ouverte sans cela. Belair poussa un cri en la voyant, et sans songer au danger qu'il venait de courir, à l'aspect de cette brèche inespérée, de ce volet dressé comme une échelle, ne voyant plus qu'un escalier praticable, là, où dix minutes avant un chat n'eût su poser sa griffe, le jeune homme, au milieu du tourbillon de poussière, sauta sur la fenêtre démolie, se servit des ferrures du volet comme d'échelons, s'accrocha aux barreaux du balcon de Violette, et vint tomber aux pieds de la jeune femme éperdue, qui ne savait point encore quel Dieu sortait ainsi pour elle de ce nuage.

VIII

HEUR ET MALHEUR.

Quand Gérard et M. de Rubantel se trouvèrent seuls dans la campagne, au milieu de la nuit, Gérard se retournant pour regarder encore les fenêtres éclairées du petit château, poussa un soupir que le général interpréta encore dans le sens de ses gaillardises.

— Voilà, dit-il, mon Lavernie qui pense à sa fiancée et qui soupire de n'être pas M. Desbuttes, de n'habiter point ce château avec mademoiselle Antoinette de Savières.

— Hélas! non, mon général, répondit Gérard, je sais trop bien que la pauvre jeune fille est à jamais perdue pour moi, qu'elle a passé dans ma vie comme une ombre d'amour; que Dieu courroucé contre moi m'a montré le bonheur, et me l'a repris comme il prend tout aux hommes, lorsque la prospérité les aveugle et les endort. Non, je ne pensais pas à mademoiselle de Savières en ce moment; d'ailleurs, ce n'est plus par des soupirs que se trahirait ma pensée. Au fond de mon cœur est une plaie brûlante, incurable, dont la morsure ne cesse pas. Je m'y suis accoutumé; je souffre sans crier.

— Ce soupir, alors, d'où vient-il?

— Vous n'avez donc pas compris, mon général, ce que vous avez vu chez Desbuttes?

— Ma foi, j'ai cru comprendre. C'est un coquin de traitant qui a épousé une jolie fille, et qui, en ce moment, dort sa nuit de noces.

— C'est une malheureuse femme qui, par amour filial, ayant épousé ce coquin qu'elle n'aime pas, se retrouve en présence d'un charmant garçon qu'elle aimait, et comprend qu'elle va le tuer de douleur.

— Belair! pauvre garçon! En effet, je me souviens : toutes ces grimaces, tous ces yeux languissants, toutes ces syncopes...

— Mon général, l'amour donne de grands chagrins aux âmes de vingt ans.

— Nous avons eu vingt ans, répliqua Rubantel ; — oui — voilà une triste chose... Bah! ils se consoleront!

— Quand je pense que ce sont encore des victimes de ce Louvois! s'écria Gérard.

— En vérité!

— Sans doute. Violette a été bien élevée par une dame charitable qui, en mourant, l'a laissée dans le besoin. Il eût mieux valu qu'elle fût une ouvrière. Le père de Violette était un soldat aveugle et estropié. Il avait droit aux Invalides. Louvois, on ne sait par quelle mystérieuse haine, l'en a exclu avec acharnement. A peine Violette gagnait-elle assez pour s'entretenir elle-même; une honnête fille n'a pas de ressources à Paris. Eh bien! le pauvre vieux Gilbert fût mort de faim, sans le dévoûment de sa fille, dont ce Desbuttes était devenu amoureux; dévoûment inutile, hélas! le pauvre Gilbert est mort il y a huit jours.

—Enfin, dit Rubantel, la petite femme n'est pas sans reproche en cette affaire : est-ce que Belair ne gagne pas cent louis par an avec sa guitare? est-ce qu'avec cent louis on ne saurait nourrir une femme et un aveugle; voire le petit enfant qui arrive forcément, en pareil cas, au bout de la première année?... que ne prenait-elle Belair? Elle est ambitieuse, allez, et elle a préféré le traitant pour son château et son carrosse.

— Non, mon général, non ; si elle a choisi le traitant, c'est encore la faute de Louvois.

— Encore?

— Louvois voulait faire de Belair un de ses espions; Belair a refusé ; le ministre a voulu embastiller Belair, celui-ci s'est enfui. Violette s'est trouvée séparée brusquement du pauvre garçon. Pas de nouvelles ; Louvois interceptait les lettres. Elle a cru son amant infidèle, elle a vu son père menacé par la faim. Desbuttes pressait, elle a pris Desbuttes. Trois mois plus tard, elle eût été libre par la mort de son père, elle retrouvait Belair, envoyé en France par M. de Catinat, elle l'épousait...

— Voilà votre roman, jeune homme, s'écria le général ; moi, j'en construis un autre : Violette ne retrouvait pas Belair, car Belair se cache. M. de Louvois mettait la main sur Belair et la comédie finissait. Au lieu de cela, voilà le musicien dans le château ; Desbuttes ne sait pas à quel rival il prête ses oreilles ; la guitare fait la conquête du mari, et la femme console le malheureux amant. Applaudissez-vous donc de tout ce qui nous arrive, et ne soupirez plus.

— Même pour ce qui me regarde, général? dit Gérard avec un triste sourire ; car il pensait au fond que M. de Ruban-tel voyait assez clair dans l'avenir de Be-lair.

— Même pour ce qui vous regarde, La-vernie. Il me semble que rien n'est plus simple. Voici en face de nous Valencien-nes. Dès que je serai en vue des postes, retournez près de vos amis; et ne ména-gez pas les chapons et le vin du traitant. Dites au petit abbé de se modérer, de n'avoir pas peur, et d'attendre. A Valen-ciennes, je reçois mes ordres ; j'apprends ma destination, et, sur-le-champ, je vous écris de venir me rejoindre. Chez moi, vous serez aussi bien caché que Belair l'était au quartier de Catinat. Une fois en sûreté, nous attendons le roi, et vous savez ce que je vous ai promis. Tenez, voyez comme il fait clair dans la ville : quittez-moi ; on serait peut-être inquiet de vous à Houdarde; quittez-moi, vous dis-je, et faites-vous protéger par Belair auprès de M. Desbuttes.

Il faisait très-clair, en effet, dans Valenciennes. On voyait de loin aller et venir force flambeaux. Les portes étaient ouvertes et encombrées par des troupes désordonnées de gens de guerre, dont les piques et les mousquets reluisaient dans les flammes rougeâtres.

— Je me hâte, continua le général; on

pourrait bien fermer la ville et me laisser dehors, tout Rubantel que je suis ; adieu cher Lavernie, au revoir.

Gérard lui faisait ses derniers adieux, quand ils virent tous les soldats se remuer et bourdonner ainsi que des abeilles autour de la ruche. Une clameur assourdissante s'élevait du cœur de la ville, mêlée à des bruits de tambour, à des rappels de trompettes et au piétinement des chevaux.

— Décidément, c'est le jour des bagarres, s'écria Rubantel ; est-ce qu'on s'égorge dans Valenciennes ?

— Il y a quelque chose d'inquiétant, dit Gérard.

— Parlez, mon ami; plus ce sera bruyant et inquiétant, plus vite vous devez retourner dans le calme et la solitude.

—Permettez, mon général, dit Gérard, que je questionne ce groupe de gens tranquilles, là, au bord de la contrescarpe.

— Ce sont des officiers, il me semble, dit Rubantel, on vous reconnaîtrait : partez !

— Pas avant de savoir ce qui se passe, mon général; je me sens dévoré par une curiosité qui ne m'est pas habituelle.

—Eh bien, je questionnerai, moi, vous

écouterez, et vous tournerez bride après avoir entendu.

Gérard demeura en arrière; le général s'approcha d'un petit groupe de gentilshommes restés à l'écart, et causant entre eux.

— Messieurs, que fait-on dans Valenciennes? demanda-t-il.

— M. de Rubantel! mon général! s'écria une voix; c'est donc vous! Nous nous mourions d'inquiétude.

—Quoi, de la Fresnaye, vous êtes mon aide-de-camp, et vous ne me venez pas rejoindre, dit le général, feignant d'être fâché. Je vous ai attendu toute cette soirée.

— Et moi, mon général, j'ai couru dix fois sur vos traces; mon cheval est fourbu; je le reposais à côté de ces messieurs, pendant qu'on s'écharpe là-dedans.

— On s'écharpe? dans Valenciennes! qui donc, bon Dieu?

— Mon général, M. de Vendôme est arrivé ici un peu tard et n'a pas été content de son logement. M. de Boufflers y est arrivé aussi, et a trouvé tout ce qu'il pouvait désirer...

—Voyez-vous cela, dit Rubantel; pourquoi cette injustice?

— Mauvais arrangement, mon général, dit un des officiers.

—Faveur! dit un autre. M. de Boufflers conduit M. le duc du Maine.

— Et alors? demanda Rubantel.

—Alors, mon général, continua l'aide de-camp, M. de Vendôme, furieux, a dit que, puisqu'on ne le logeait pas, il se logerait lui-même.

— J'aurais fait comme lui, grommela Rubantel; poursuivez, la Fresnaye.

— Il résulte de là, mon général, que les gendarmes ont avisé un très-bel édifice dans une rue écartée, pleine de beaux arbres, et qu'ils ont voulu loger M. de Vendôme dans cet édifice.

— Je ne blâme point les gendarmes.

— Il y a un malheur, mon général, l'édifice est un couvent.

— Ah, diantre!

— D'Augustines.

— Peste!

— Et les gendarmes en ont enfoncé les portes.

— Aïe!

— Les Augustines ont beaucoup crié.

— Je le crois bien.

—Elles ont envoyé supplier M. de Vendôme.

— Qui s'est retiré?

— M. de Vendôme était déjà couché dans les appartements qu'on destine aux reines, lorsqu'elles passent.

— Il s'est relevé?

— Non, mon général, il s'est retourné dans la ruelle, et a répondu... Ma foi, mon général, j'irais en prison, si je vous répétais ce qu'il a répondu.

— Tiens, tiens, tiens! et ensuite.

—Ensuite les Augustines se sont adressées à M. de Boufflers, qui a prévenu M. le duc du Maine. Ces messieurs ont été ensemble rendre visite à M. de Vendôme, et l'on s'est chamaillé, mais rudement.

—Quel malheur, s'écria Rubantel, que je n'aie pas été là; je manque toujours les bonnes aubaines!

— Oh! ce n'est pas fini, mon général. Vous arrivez au bon moment : c'est si peu fini que cela recommence.

— La Fresnaye, vous me comblez!... Quoi, ces trois grands princes, car, si M. de Boufflers n'est point prince, il en a l'orgueil; ces trois grosses têtes, dis-je, continuent à s'entredévorer? Allons-y avant que tous les morceaux aient disparu.

— Mon général, un conseil d'ami, dit alors l'un des officiers : imitez-moi, imitez M. de Joyeuse et M. de Villemur, qui tiennent leurs troupes à l'écart et ne se mêlent pas de cette affaire. Laissez M. de Vendôme se rebiffer contre M. de Boufflers. Les gendarmes sont fort capables de se défendre. Demain on les ménagera, eux qui sont troupes d'élite. Nous autres, on nous ferait payer les pots cassés.

— C'est judicieux, répliqua le général : mais où sont mes chevau-légers ?

— Là, en bon ordre, sur le glacis, dit l'aide-de-camp.

— Et les pionniers? il en est que je veux faire pendre ; ils ont fait mille abus en route.

— Eh bien ! pendons-en quelques-uns, dirent les officiers, cela nous fera passer le temps.

— Cependant, il serait bon de savoir ce qui se fait en ville, reprit M. de Rubantel, à qui tout ce scandale, causé par les princes, donnait une maligne joie; il est impossible que M. de Vendôme dorme au milieu d'un pareil hourvari :

— Oh! nous avons des nouvelles tous les quarts-d'heure, répliqua La Fresnaye; le brigadier envoie reconnaître la place et nous transmet les bulletins.

Rubantel, tout en riant, s'approcha de Gérard, auquel personne n'avait pris garde, et qui contemplait cette scène avec sa mélancolie ordinaire.

— Vous voyez, dit-il, Lavernie, que la campagne s'annonce bien; on s'amusera un peu. Tâchez donc d'en être.

—Hélas! mon général, je ne viens pas ici pour m'amuser.

— Qui sait; vous vous divertirez peut

être malgré vous ; c'est la meilleure manière.

— Des nouvelles, des nouvelles! crièrent du bord des glacis une foule de jeunes officiers, près desquels passait une estafette au galop.

Le cavalier arrivait près de la Fresnaye :

—Monsieur, dit-il, le brigadier vous prévient qu'il faut absolument retrouver M. de Rubantel; la générale bat; les gendarmes sont assiégés autour du logement qu'ils ont choisi, par les troupes de M. de Boufflers. Ce dernier demande du renfort. Cependant, par la porte de Mons, est arrivé un gros de cavaliers encore inconnus ; on ne sait pour qui cette troupe va se déclarer.

Rubantel s'avança :

— Chevau-léger, dit-il, dites à mon brigadier que j'entends que l'on ne bouge point du glacis. Les chevau-légers sont à moi et non à M. de Boufflers ou à M. de Vendôme. Jusqu'à nouvel ordre, je ne suis soumis à personne, puisqu'il n'y a point de général en chef nommé par le roi. Ainsi donc, pas un geste ou pas un cri dans les rangs : et si quelqu'un veut me parler, qu'on me l'amène ; je plante mon quartier-général ici, sur ces pierres ; je ne suis pas difficile, moi. Je ne suis pas un prince ! allez, chevau-léger.

— Voilà parler, dirent les officiers, ravis de voir se compliquer l'affaire.

— N'est-ce pas? Qu'en dites-vous, Lavernie? demanda tout bas au jeune homme le général enchanté.

— Ces pauvres Augustines! répondit Gérard.

— Bah! si elles ont des agresseurs, elles ont des défenseurs.—Ah!... je comprends... comme il s'agit de religieuses, vous pensez à la vôtre... Dites-moi adieu, Lavernie, et partez!

Une autre estafette accourut à toute bride.

— Qu'est-ce encore? demanda Rubantel.

— Mon général, les Augustines déménagent; elles ont emprunté à M. de Bouf flers ses chariots et ses fourgons; elles vont gagner une maison succursale qu'elles ont près de Quiévrain, et M. de Boufflers vous prie de leur fournir un piquet d'escorte.

— Ah ! ma foi non, répliqua Rubantel avec humeur; je n'ai pas d'ordres à recevoir de M. de Boufflers, moi, et d'ailleurs mes chevaux sont fatigués ; dites cela au marquis de Boufflers.

Le cavalier partit au galop.

— Mon général dit Gérard bas à M. de Rubantel, prenez garde que M. de Boufflers ne vous adresse pas un ordre, mais une prière. Il est peut-être inhumain de laisser aller seules ces pauvres femmes, aux hasards de la nuit, avec tous ces pionniers et vagabons qui rôdent. Vous seriez blâmé , mon général , comme homme, si non comme officier ; et puis pour moi qui vous en prie, donnez une escorte aux Augustines. Vous le disiez tout à l'heure, elle m'inspirent je ne sais quel intérêt mystérieux.

— Mon cher Lavernie, dit l'entêté général, je suis au désespoir de vous désobliger, mais je ne fais pas mon service avec du sentiment. Donner un ordre et puis le reprendre est d'un mauvais militaire. J'ai dit que je ne fournirais point d'escorte aux Augustines, j'ai eu tort, peut-être, je n'en disconviens pas ; c'est brutal, je l'avoue, mais je l'ai dit, et n'en démordrai point.

On vit alors s'avancer lentement dans

la grande rue de la ville, au milieu des soldats qui se rangeaient pour lui laisser passage, un grand chariot fermé qui contenait l'avant-garde des religieuses fugitives.

Des toiles mal assemblées couvraient ce chariot, et mille regards avides ou railleurs fouillaient sous ces toiles : deux cavaliers seulement escortaient le premier chariot. Ils furent poursuivis durant le trajet par les sarcasmes de cette terrible jeunesse.

On vit quelques étourdis soulever les rideaux avec la pointe de l'épée ou de la pique, et commenter la grâce ou la laideur des visages effarouchés qu'éclairait l'invasion soudaine d'une lueur de falot ou de torche. Ces pauvres Augustines, serrées les unes contre les autres, rougissant et tremblant, eussent fait pitié à des Tartares. Mais comme elles ne couraient aucun danger, les chevau-légers français ne songèrent qu'à en rire.

Rubantel, il faut le dire, se détourna mécontent de lui-même quand le chariot passa.

Mais je ne sais quelle formalité de sortie arrêta le véhicule à la porte. Soit encombrement des soldats amoncelés pour mieux voir, soit lassitude des chevaux, le chariot cessa de rouler.

Tout-à-coup un grand mouvement se fit dans la ville. Des cavaliers accouraient à toute bride et s'ouvraient impitoyablement passage dans les groupes de soldats qui se renversaient les uns sur les autres.

Un cri précédait les cavaliers comme le vent précède la foudre.

— Louvois, Louvois! murmurait cette foule divisée comme les épis sous la pression de l'ouragan.

A la tête de vingt grenadiers à cheval, le marquis de Louvois s'avançait le visage enflammé, baigné de sueur, la voix rauque.

— Voici Louvois! dit M. de Rubantel à Gérard. Sauvez-vous, Lavernie.

Mais Gérard ne l'écoutait pas. Au moment où le chariot s'ébranlait pour reprendre sa route, au moment où vingt flambeaux l'illuminaient de leurs feux sinistres, le jeune homme avait cru, sous les rideaux de toile, voir apparaître comme une vision, comme la silhouette fugitive d'un rêve, le pâle et triste visage d'Antoinette qui, éblouie par les reflets des lumières, cacha sa tête dans ses mains.

Gérard poussa un cri et resta en extase au milieu de la clarté. Le chariot glissait lentement dans l'ombre, les mains blanches s'écartèrent de ce doux visage que déjà le jeune homme ne pouvait plus distinguer, et alors un cri répondant au sien s'échappa du chariot et vint frapper au cœur l'infortuné qui palpitait entre cette chimère et cette réalité.

Eperdu, ivre, aveuglé, Gérard voulut pousser son cheval pour rattraper le chariot, Rubantel saisit la bride et lui dit d'une voix brève et basse :

— Arrière donc ! ou vous êtes perdu !

Gérard ouvrit les yeux ou plutôt reprit ses sens, il avait en face de lui Louvois, rouge de colère, mais qui ne l'avait pas encore aperçu, et faisait cerner le groupe par ses cavaliers.

Un vertige de terreur et de rage monta au cerveau du jeune homme et l'aveugla une deuxième fois.

Louvois parcourut des yeux le cercle qui l'entourait, et toujours sans apercevoir Gérard :

— Voilà donc, dit-il lentement et les dents serrées, comme on observe la discipline et les convenances! Quoi! j'arrive pour voir de pareils excès! Ne dirait-on pas une ville ennemie prise d'assaut! Qui commande ici ?

— Moi, monsieur, répliqua M. de Rubantel, qui cachait le jeune homme derrière lui.

— M. de Rubantel !... fort bien, dit Louvois, avancez.

Le général, courroucé, mais forcé d'obéir, poussa son cheval vers Louvois.

— Que me voulez-vous, monsieur, dit-il ?

— Monsieur, vous avez refusé une escorte aux Augustines... à des femmes, à des religieuses que je vois offenser par vos soldats ; c'est indigne, monsieur !

Rubantel furieux :

Monsieur, dit-il, je n'avais pas d'ordres, et avant de reprocher sur ce ton, vous eussiez dû m'en faire parvenir, ou les apporter vous-même puisque vous étiez-là.

— Aviez-vous besoin d'ordres pour

empêcher le désordre! Je viens de vous voir, de mes yeux, à l'instant, retenir par la bride le cheval d'un insolent qui courait à ce chariot sans doute pour faire insulte aux religieuses : un bon officier n'a pas besoin de son bras pour se faire obéir.

— Personne ici n'a couru à ce chariot, repartit Rubantel, effrayé à cause de Gérard.

— J'ai vu, vous dis-je! D'ailleurs vous chercheriez en vain à excuser le coupable. C'est un de vos officiers, peut-être?

— Non, monsieur.

— Ce n'était pas un chevau-léger; il était vêtu de noir... Qui était-ce ?

Rubantel ne répondit pas.

Parlez! s'écria Louvois avec violence en frappant du pied son étrier; parlez et nommez le coupable, puisqu'il est assez lache pour ne se point nommer lui-même!

Gérard poussa son cheval hors du groupe tête à tête avec le cheval de Louvois.

—C'est moi, monsieur, dit-il d'une voix ferme et l'œil attaché sur les yeux du ministre.

Louvois pâlit ou plutôt devint livide en reconnaissant l'ennemi dont le visage lui rappelait tant de souvenirs. Rubantel et les assistants commencèrent à trembler pour cet imprudent qui tombait ainsi sous la terrible serre du vautour.

Il y avait là plus de trente officiers de marque, plus de deux cents sous-officiers et soldats à portée d'entendre, et qui dévoraient cette scène de tous leurs yeux et de toutes leurs oreilles.

Louvois fut tellement suffoqué par la surprise qu'il garda un moment le silence. Gérard aussi était muet, mais ses yeux parlaient pour lui. Jamais lion bravant un serpent n'a lancé de plus foudroyans regards. Ce silence des deux adversaires pesait sur les assistants comme l'attente de la mort.

— Que faisiez-vous là? dit Louvois, et que vouliez-vous à ces religieuses?

— J'en cherchais une à qui vous avez volé sa liberté.

— Et l'avez-vous trouvée? demanda le ministre d'une voix insultante.

—Non, mais je vous ai trouvé vous-même.

- Qui êtes-vous?

— Vous le savez bien.

— Lieutenant Lavernie, je vous ai mis aux arrêts chez vous, de la part du roi.

— Je ne suis plus lieutenant, et je viens vous demander pourquoi vous m'avez enlevé mon grade?

— Le ministre du roi vous ordonne de vous taire.

— Je suis le comte de Lavernie, aussi bon gentilhomme que vous, et je viens vous demander raison de l'outrage que vous m'avez fait en forçant la porte de ma maison avec de vils archers !

— Monsieur, je ne suis point ici pour écouter vos affaires de famille.

— Vous êtes ici pour me répondre, quand je vous demande de quel droit, comme un bourreau, vous avez tué ma mère !

— Malheureux ! s'écria Louvois inquiet du murmure que soulèvent ces paroles.

— De la prudence, M. de Lavernie, dirent tout bas Rubantel et quelques officiers au jeune homme, que la colère commençait à emporter.

FIN DU TROISIÈME VOLUME.

TABLE

DES CHAPITRES DU TROISIÈME VOLUME.

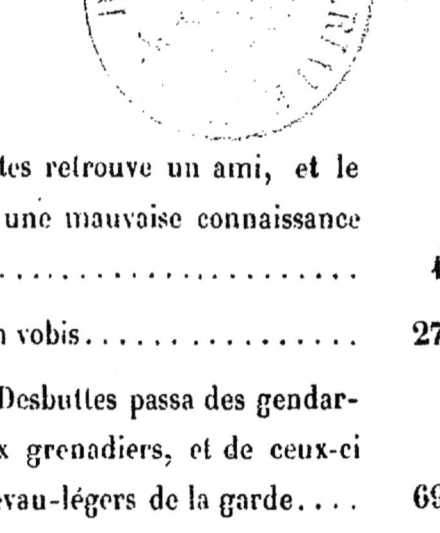

I. — Où Desbuttes retrouve un ami, et le lecteur une mauvaise connaissance (*suite*).................. 1

II. — Sic vos non vobis............... 27

III. — Comment Desbuttes passa des gendarmes aux grenadiers, et de ceux-ci aux chevau-légers de la garde.... 69

IV. — Où Desbuttes frise la potence....... 111

V. — Reconnaissances 157

VI. — Des bons effets d'une mauvaise chanson 193

VII — La nuit des Noces de Desbuttes..... 255

VIII. — Heur et Malheur................ 277

Melun. — Imprimerie de DESRUES.

NOUVEAUTÉS EN VENTE.

                                                                         fr. c.

Le Comte de Lavernie, par AUGUSTE MAQUET, collaborateur d'ALEXANDRE DUMAS. 4 vol. in-8, affiche à gravure, net :   18 »

Montbars l'Exterminateur, par PAUL DUPLESSIS, auteur des *Boucaniers*. 4 vol. in-8, net :   18 »

Les Amours de Vénus, par XAVIER DE MONTÉPIN. 3 vol. in-8, net :   13 50

Un Homme de génie, par madame la comtesse DASH. 3 vol. in-8, net :   13 50

Le Garçon de Banque, par ÉLIE BERTHET. 2 vol. in-8, net :   9 »

Les Lorettes vengées, par HENRY DE KOCK. 3 vol. in-8, affiche à gravure, net :   13 50

Roquevert l'Arquebusier, par MOLÉ-GENTILHOMME. 4 vol. in-8, affiche à gravure, net :   18 »

Mademoiselle Bouillabaisse, par CHARLES DESLYS, auteur de la *Mère Rainette*, la *Dernière Grisette*, etc., etc. 3 vol. in-8, affiche à gravure, net :   13 50

La Chasse aux Cosaques, par GABRIEL FERRY, auteur du *Coureur des Bois*. 4 vol. in-8, affiche à gravure, net :   18 »

Le Chasseur d'Hommes, par EMMANUEL GONZALÈS. 2 vol. in-8, superbe affiche à gravure, net :   9 »

L'Usurier sentimental, par G. DE LA LANDELLE. 3 v. in-8, affiche à gravure, net :   13 50

L'Amour à la Campagne, par MAXIMILIEN PERRIN. 3 vol. in-8, affiche à gravure, net :   13 50

La Mare d'Auteuil, par CH. PAUL DE KOCK, superbe affiche à gravure. 6 vol. in-8, net :   30 »

Les Boucaniers, par PAUL DUPLESSIS. 3 vol. in-8, superbe affiche à gravure, net :   13 50

La Place Royale, par madame la comtesse DASH. 3 vol. in-8.   13 50

La marquise de Norville, par ÉLIE BERTHET. 3 v. in-8.   13 50

Mademoiselle Lucifer, par X. DE MONTÉPIN. 3 vol. in-8.   13 50

Les Orphelins, par madame la comtesse DASH. 3 vol. in-8.   13 50

La Princesse Pallianci, par le baron de BAZANCOURT. 5 v.   22 50

Les Folies de jeunesse, par MAXIMILIEN PERRIN. 3 vol. in-8, affiche à gravure, net :   13 50

Livia, par PAUL DE MUSSET. 3 vol. in-8, net :   13 50

Bébé, ou le Nain du roi de Pologne, par ROGER DE BEAUVOIR. 3 vol. in-8, net :   13 50

Blanche de Bourgogne, par Madame DUPIN, auteur de *Cynodie*, *Marguerite*, etc. 2 vol. in-8, affiche à gravure, net :   9 »

L'heure du Berger, par EMMANUEL GONZALÈS. 2 vol. in-8, affiche à gravure, net :   9 »

La Fille du Gondolier, par MAXIMILIEN PERRIN. 2 vol. in-8, affiche à gravure, net :   9 »

Minette, par HENRY DE KOCK. 3 vol. in-8, net :   13 50

Quatorze de dames, par Madame la comtesse DASH. 3 vol. in-8, net :   13 50

www.ingramcontent.com/pod-product-compliance
Lightning Source LLC
Chambersburg PA
CBHW060354170426
43199CB00013B/1869